Joachim Masannek

DIE WILDEN FUSSBALL KERLE™

Markus der

Joachim Masannek, geboren 1960, studierte Germanistik und Philosophie sowie an der Hochschule für Film und Fernsehen. Er arbeitete bereits als Kameramann, Ausstatter und Drehbuchautor für Film-, TV- und Studioproduktionen. Daneben ist er Vater der beiden *Wilde Kerle*-Mitglieder Marlon und Leon und Regisseur der Filmabenteuer um die wilden Kicker. Mehr Informationen zu den *Wilden Fußballkerlen* unter www.diewildenkerle.de.
Bei dtv junior sind von den *Wilden Fußballkerlen* die Bände 1–13 erschienen:
siehe unter www.dtvjunior.de.

Joachim Masannek

Die Wilden Fußballkerle

Band 13

Markus der Unbezwingbare

Mit Illustrationen von Jan Birck

Deutscher Taschenbuch Verlag

Für Hamm und insbesondere Bockum-Hövel.
Für das alte Haus an der Hammer Straße 93.
Für den Zechenhausblock zwischen Bodelschwingh-,
Stefan- und Rautenstrauchstraße,
in dem ich meine Kindheit verbracht habe
und in dem mir mein Vater und mein Großvater
beigebracht haben, die Welt mit wilden Augen zu sehen.
Joachim Masannek, März 2005

Ungekürzte Ausgabe
In neuer Rechtschreibung
Mai 2008
Deutscher Taschenbuch Verlag GmbH & Co. KG, München
www.dtvjunior.de

Umschlagkonzept: Balk & Brumshagen
Umschlaggestaltung nach einer Idee von Jutta Hohl
Gesetzt aus der Plantin 12/15˙ (3B2)
Gesamtherstellung: Druckerei C. H. Beck, Nördlingen
Gedruckt auf säurefreiem, chlorfrei gebleichtem Papier
Printed in Germany · ISBN 978-3-423-71296-5

Inhalt

Wilder als wir

Beim dampfenden Teufelsdreck! Wir hatten es doch wirklich geschafft. Wir waren nicht nur Hallenstadtmeister, nein, wir waren Meister geworden: Meister in der Dimension Acht, in der wildesten Liga des Landes. Wir hatten den *TSV Turnerkreis* gleich zweimal hintereinander in die Hölle geschickt. Wir hatten die wildeste Party gefeiert, die es jemals im *Wilde Fußballkerle*-Land gab, und noch ein paar Wochen später tanzten wir barfuß über Himmelsglückswolken: über Himmelsglückswolken, die laut Joschka, der siebten Kavallerie, aus defi-terroristisch-nitiv nichts anderem als aus Fischstäbchen-Sandwichs mit Ketchup bestanden.

Beim brodelnden Hexenkessel! Wir fühlten uns wie nach unserem ersten entscheidenden Match, wie nach unserem Sieg gegen die Unbesiegbaren Sieger. Daran könnt ihr euch doch noch erinnern? Damals fing alles an. Damals wurden die *Wilden Fußballkerle* geboren. Unser Bolzplatz wurde zum

Teufelstopf, unser Baumhaus zu Camelot, der uneinnehmbaren Festung, und wir wurden zu dem, was wir sind:

Mann-oh-Mann-oh – zu der wildesten Fußballmannschaft, die es auf der ganzen Welt gibt.

Beim kochenden Höllenschlund! Das war eine prächtige Zeit und ich könnte euch tagelang davon erzählen. Ich, Markus, der Unbezwingbare, der wilde Mann zwischen den Pfosten. Aber so viele Tage hab ich nicht Zeit. Die Welt dreht sich weiter und das jeden Tag. Jede Stunde und jede Sekunde. Das Einzige, was bleibt, ist, dass sich alles verändert. Vom Gipfel der Meisterschaft in der Dimension Acht fällt man urplötzlich direkt in die Hölle. Und weil das so ist, fielen wir in unser größtes Abenteuer hinein. In ein Abenteuer, von dem eure Eltern hoffen, dass ihr es niemals erlebt. Und wisst ihr, warum? Es wär ein Albtraum für sie. Für sie und für euch. Glaubt mir, ich weiß, wovon ich hier rede: denn ich war bei dem Albtraum dabei.

Also, was ist? Traut ihr euch weiterzulesen?

Na, kommt schon! Ich warte.

Verflixt! Dann halt nicht. Ich hab es mir fast schon gedacht. Da kann man nichts machen. Wisst ihr, wir hätten um ein Haar nämlich selber gekniffen. So viel Angst hatten wir, und ich ganz besonders. Oh, mein Gott, hatte ich eine Angst.

Doch für den Fall, dass ich mich jetzt irre, für den Fall, dass ihr doch mutiger und wilder seid, als ihr es euch wünscht, für den Fall, dass ihr glaubt, träumt oder hofft, dass ihr vielleicht oder ganz eventuell – Mann-oh-Mann-oh! –, dass ihr noch wilder sein könntet als wir, nun, falls dieser Fall eintreten sollte, dann lest doch ruhig weiter und dann wünsche ich euch jetzt schon mal einen mörder- und monstermäßigen Spaß! Ha! Denn später werd ich dazu nicht mehr kommen.

Ein Jahr in der Hölle

»Und? Was müsst ihr in den Sommerferien machen?«, fragte Raban, der Held.

Wir lagen verstreut um den Kiosk herum. Obwohl es schon dunkel wurde, war es immer noch heiß. Der Schweiß vom Training perlte auf unserer Haut und wir saugten die letzten Reste der Apfelsaftschorle aus den von innen beschlagenen Flaschen.

»Sss-sch-lllopppp!«, machte das, und obwohl es das einzige Geräusch war, das wir im Teufelstopf hörten, taten wir so, als hätte Raban gar nichts gesagt.

»Hey!« Der Junge mit der Coca-Cola-Glas-Brille sprang auf. »Was müsst ihr in den Ferien machen?«

Raban starrte uns an. Er starrte uns an, als wär er aus einem Traum aufgewacht und in einem Albtraum gelandet. Seine Augen quollen wie Quallen hinter seiner Brille hervor. Die drei roten Korkenzieher-Haarhörner auf seinem Kopf brannten wie Feuer und die Frage, die er uns stellte, prallte von den Bretterzäunen zurück.

»Was! Was! Was! ... Müsst! Müsst! Ihr! ... In! Den! Fe! He! Rien! ... Machen?! Machen?! Machen?! Machen!?«

Wir schauten überrascht zu ihm hoch. Der Nachhall von Rabans Worten strich uns mit eisigen Geisterfingern durchs Haar. Die Baustrahler-Flutlichtanlage sirrte ohrenbetäubend und die Sonne, die hinter dem westlichen Wachtturm versank, verwandelte die Schweißperlen auf unseren Gesichtern in blutrote Tropfen.

»Ich muss nach St. Barth!«, zischte ich und schlug meine Faust in die Hand. Meine Torwarthandschuhe knarzten dabei wie altes, brüchiges Leder. »Ich muss mich vier Wochen auf der teuersten Insel der Welt auf den teuersten Tennis- und Golfplätzen aalen.«

»Kacke verdammte!«, fluchte Leon, der Slalomdribbler. »Ich hoffe, ich werd niemals so reich wie dein Vater.«

»Ja! Krumpelkrautrüben!«, seufzte Marlon, die Nummer 10. »Aber ein Monat Sardinien kann auch eine Ewigkeit sein. Und das ohne Tennis und Golf.«

»Und ohne Fußball!« Leon sah uns an, als hätte

man ihm eine Apfelsaftschorle ohne Apfelsaft und ohne Kohlensäure verkauft. »Stellt euch das bitte mal vor: Immer wenn wir Fußball spielen wollen, hören wir nur: ›Ooch, es ist viel zu heiß. Ooch, warum geht ihr nicht schwimmen? Ooch, sucht ein paar Muscheln, Kinder. Das macht doch Spaß!‹«

»Oha, wir können ja tauschen!« Deniz, die Lokomotive, blitzte ihn vorwurfsvoll an. »Ich muss zu meiner O-ha-ma in die Türkei und das, das verspreche ich euch, wird das reinste Vergnügen. Dreibei-heiniger Ochsenfrosch! Letztes Jahr hab ich die Wa-ha-sserpfeife von meinem O-ha-pa zerschossen und seitdem ist Fußball für die beiden ein a-habso-ha-lutes Tabu!«

Aber genau so ein Tabu war das Thema, über das wir jetzt sprachen. Seit Wochen schoben wir es vor uns her und niemand traute sich, darüber zu reden. Dabei lagen wir jede Nacht wach. Wir lagen in unseren Betten und starrten zum Fenster hinaus. Hinter dem türmte sich ein Unwetter auf. Es wurde jede Nacht größer. Es breitete sich über das ganze *Wilde Kerle*-Land aus und seit gestern, das sage ich euch, ich hab es selber gehört, kratzte es mit seinen Sturmwolkenmonsterkrallen an unseren Dächern.

Ätzender Hexensabber! Dabei begann in zwei Tagen das, wonach sich die meisten Kinder der Welt ein ganzes Jahr sehnen. In zwei Tagen stand uns die schönste Zeit des Jahres bevor. Sechs Wochen frei. Ohne Schule! Verflixt! Doch so sehr wir die Schule auch hassten, wir hassten die Sommerferien noch mehr. Sie waren für uns nicht nur sechs Wochen lang. Nein! Sie waren für uns ein Jahr in der Hölle.

»Oma Schrecklich will mit mir in eine Wellnessfarm fahren.« Vanessa, die Unerschrockene, verdrehte die Augen, doch Joschka, die siebte Kavallerie, hatte überhaupt kein Mitleid mit ihr.

»Beim terro-touristischen Schönheitschirurgen. Und wer sieht danach wie die andere aus? Deine Oma wie du oder du wie die Oma?«

Joschka grinste so breit wie ein Tigerhai, den eine Dampfwalze platt gedrückt hat.

»Hey, Marlon!«, rief er. »Was würde dir denn besser gefallen?«

Da detonierte Vanessas Faust auf seinem Kinn.

»Ich warne dich, hörst du! Noch ein falsches Wort.«

Die Unerschrockene blitzte ihn an und ihr Blick war so finster, dass der kleine Joschka alle Schmerzen vergaß. Er traute sich noch nicht einmal mehr, »aua« zu rufen.

»So ist es gut!«, grunzte Vanessa zufrieden, doch Raban, der Held, war alles andere als das.

»Ach ja! Was ist gut?«, zischte er. »Kannst du mir das bitte sagen? Ich muss mit meiner Mutter in den Bergen rumkraxeln. Alpen-Zen nennt sie das, was immer das heißt! Und damit es mir dabei nicht zu langweilig wird, werden uns meine drei Cousinen begleiten. Dreifach gerollte Fußnagelpest!«

Der Junge mit der Coca-Cola-Glas-Brille raufte seine drei Korkenzieher-Haarhörner. Die hatten ihm diese drei heimtückischen Monster bei ihrem letzten Barbiepuppen-Zombieland-Treffen mit fletschenden Zähnen verpasst.

Ja, verkokelter Satansbraten! Und als hätten wir alle dasselbe Schicksal erlitten, als trügen wir alle dieselbe Frisur, stöhnten und seufzten wir alle zusammen und klagten dann nacheinander von unserem Leid.

Jojo, der mit der Sonne tanzt, musste mit seiner Mutter in einer Reihenwohnwagen-Siedlung am Tegernsee zelten.

Joschka und sein älterer Bruder, Juli »Huckleberry« Fort Knox, wurden nach Nizza zu ihrer Tante geschickt und die wohnte in einem Haus, das so weiß war, dass bereits jeder kleinste wilde Gedanke einen großen schwarzen Flecken hinterließ.

Für Annika, die Drachenreiterin, ging es in den Bayerischen Wald, weil es dort schöner war als in Neuseeland. Davon waren ihre Eltern fest überzeugt, doch in Wirklichkeit hatten sie nur Angst vorm Fliegen.

Eine Angst, die Rocces Vater leider Gottes nicht kannte. Der brasilianische Fußballgott vom *FC Bayern* würde wie jedes Jahr nach Brasilien fliegen und er nahm seinen Sohn, den Zauberer, für die ganzen zwei Monate mit.

Fabi, der schnellste Rechtsaußen der Welt, freute sich auf das Haus auf Mallorca wie auf einen Geburtstag ohne Geschenke. Immerhin fuhr er ja erst zum zwölften Mal hin!

Und für Felix, den Wirbelwind, hieß es: Freu dich auf Helgoland! Dort sollte er mit seiner Mutter und ihren sechs Freundinnen an einem Workshop teilnehmen: ›Wie finde ich mich als moderne Frau in der modernen Gesellschaft zurecht?‹ Felix war schon ganz blass, doch Maxi wurde noch blasser.

Der Mann mit dem härtesten Bums auf der Welt musste seinen Vater, den eiskalten Banker, auf einer Bildungsreise begleiten: auf einer Reise zu den sichersten Banken Dänemarks mit ihren einbruchsicheren Tresoren.

Dreistündiger Hexenfurz! Wie sollten wir diese Zeit überleben? Über uns und dem Teufelstopf war der Himmel jetzt schwarz. So schwarz wie das Nichts und die einzigen Sterne, die uns vor diesem Nichts schützten, waren die vier Baustrahlerbatterien unserer Flutlichtanlage. Doch dann wurden auch sie von der Schwärze geschluckt: Es war Zeit, nach Hause zu gehen. Wortlos schoben wir unsere Räder den Sprinthügel hoch, als Willi den Hebel bediente. Es sirrte und zischte. Funken schossen aus dem alten Stromkasten am Kiosk heraus und nahmen den Strahlern die Kraft. Sie erloschen wie die Augen sterbender Tiere, wenn die Seele aus ihren Körpern entweicht. Ja, und Willi und der Teufelstopf verschwanden im Nichts. Sie versanken im Schwarz, und obwohl wir das wussten, schauten wir nicht zu ihnen zurück. Verflixt! Wir trauten uns nicht. Wir hatten viel zu viel Angst, dass sie für immer verschwanden. Kapiert ihr das nicht? In den Sommerferien geht man nicht nur auf Reisen. Nein, da verändert man sich. Da verändert sich alles. Egal, ob man in Dänemark oder auf Helgoland sitzt. Das wisst ihr doch, oder? Das habt ihr selber erlebt. Nach den Sommerferien ist nichts mehr so, wie es vorher war. Da wird jeder ein anderer. Eiskalter Teufelsfluch! Und das, genau das wollten wir nicht. Das hab ich euch doch schon am Anfang gesagt.

Donnerschlag

Die Nacht war die Hölle. Die Luft war so schwül, dass ich das Laken durchschwitzte, und wenn ich mal einschlafen konnte, lag ich auf einem heißen, riesigen Schwamm. Der stank wie die Unterhose vom Dicken Michi, wenn er sie ohne Pause drei Wochen im Hochsommer trug. Doch der Schwamm war kein Schwamm. Er war ein Monster. Er nannte sich Freddie el Freddie, der fressende Fresser. Er schmatzte und rülpste und dann, ja dann holte er Luft und saugte mich langsam und voller Genuss wie eine Nudel durch seine schleimigen Lippen in sein Glibbermaul rein. Ich versank wie in Treibsand. Ich schrie und ich strampelte. Ich boxte. Ich biss. Ja, ich biss ihn verflixt in seine picklige Zunge. Ich biss, bis er schrie, bis er schimpfte und spuckte. Und dann war ich frei. Nein, ich war wieder wach. Ich lag auf meinem Bett auf meinem schweißnassen Laken und rührte mich keinen Millimeter vom Fleck. Ich konnte es nicht. Ich war wie gelähmt. Obwohl ich doch wusste, dass er zurückkehren würde. Ja, sobald ich einschlafen würde, kehrte Freddie zurück. Doch ich starrte auf die offenen Fenster. Da draußen regte sich nicht der leiseste Hauch. Kein Luftzug verriet, was über mir vorging. Doch über mir türmten sich die Sturmwolken auf: dunkler und mächtiger als in den Nächten zuvor und sie wurden zu grässlichen Fratzen. Blitze schossen aus ihren Augen heraus und ihre Mäuler brüllten den Donner. Sie brüllten so laut, dass die Erde erbebte, und dann schwebten sie langsam auf mich herab. Sie kratzten am Dach. Sie verschluckten die Bäume. Sie streckten ihre Nebelkrallen in mein Zimmer hinein. Sie griffen nach mir und ich wusste genau: Spätestens morgen kriegen sie mich. Was soll ich nur machen? Dann schlief ich ein.

Am nächsten Morgen war der Himmel stahlblau und die Sonne kitzelte mich an der Nase. Freddie und die Wolkenmonster waren verschwunden und mein Laken war glatt und angenehm kühl. Ich gähnte, ich reckte und streckte mich und ich freute mich auf unser Training. Der zweitletzte Schultag davor interessierte mich nicht. Der war doch reine Schikane. Verflixt, oder irre ich mich? Jetzt seid doch mal ehrlich! In Wirklichkeit ist das Schuljahr doch schon eine Woche vor den Ferien um. Zumindest für uns Schüler. Deshalb bräuchten wir diese letzten Tage gar nicht. Wir könnten in dieser Woche tausend wichtigere Dinge anstellen. Das wisst ihr genau, doch leider kapiert das kein Lehrer der Welt. Und sie können das auch nicht kapieren, wisst ihr, denn für sie ist diese letzte Woche die wichtigste Woche, die es überhaupt gibt. Sie ist überlebensnotwendigwichtig für sie, denn sie bekommen urplötzlich Schiss. Es fällt ihnen urplötzlich ein, dass fast jeder Schüler der Welt die Schule hasst. Sie stellen sich vor, dass wir nach den Ferien vielleicht nicht zurückkommen könnten, und davor haben sie Angst. Deshalb verwandeln sie sich. Sie tun plötzlich alles, was sie das ganze Jahr über versäumen. Sie geben sich Mühe. Sie lassen sich Sachen einfallen, die uns vorgaukeln sollen, dass Schule Spaß machen kann, und sie hoffen, dass wir darauf reinfallen. Oh Mann, sie hoffen doch wirklich, dass wir ihnen glauben, dass das ganze nächste Jahr so wie diese letzte Woche werden wird. Doch ich sag euch, ätzende Hexenspotze, spätestens nach der zweiten Klasse wisst ihr Bescheid. Ihr glaubt ihnen kein Wort und ihr kehrt nur wieder in die Schule zurück, weil ihr müsst. Finito, Teufelsbasta und Schluss! Ja, und deshalb war mir der zweitletzte Schultag schnurzpiepegal. Ich freute mich nur auf das Training: das letzte Training im Teufelstopf: das letzte Training vor einer dunklen und ewig dauernden, unwilden Zeit.

Ich dehnte und reckte mich. Ich streckte meine Arme, so weit ich konnte. Ich schloss meine Augen und bäumte mich auf. »Ja, so ist es gut!«, seufzte ich. »Das wird ein ganz wilder Tag!«

Ich holte tief Luft. »Habt ihr das alle kapiert? Freddie el Freddie, he! Und ihr Wolkensturmdonnerblitzmonster! Ich hoffe, ihr schnarcht nicht so laut, dass ihr mich nicht hört!

Ich sag es euch noch mal. Also passt auf: Das wird der wildeste Tag meines Lebens!«

Ich sprang aus dem Bett. Ich riss meinen Schlafanzug beinah in Fetzen. Ich wollte keine Sekunde dieses Tages verlieren ... Da platzte ein Schuss in das Vogelgezwitscher! »BAMM!«, krachte es so, als würde die Hölle zerbersten. Es knallte noch lauter als ein Trippel-M.-S., ein Mega-Mörser-Monster-Schuss-GTI-Wild, den nur Maxi »Tippkick« beherrschte. Das glaubte ich wenigstens. Doch dieser Knall war noch lauter und die Stille, die diesem »BAMM!« folgte, war so mächtig und kalt wie der Dezember-Turnerkreis-Wind in der Eiszeit.

»Frostbeulender Pferdefuß!«, zischte ich. »Jetzt wird selbst der Teufel in der Hölle erfrieren!«

Doch im selben Moment wurde es mir wieder ganz heiß. So heiß wie ein Bohrer, der sich durch Titan fressen will. Denn so klang das Sirren, das Pfeifen, das Kreischen. Es zerriss die Stille in Stücke und flog durch das offene Fenster in mein Zimmer hinein. Hexenglibbergiftiggrün leuchtend schlug die Kanonenkugel gegen die Wand, prallte ohrenbetäubend gegen die Decke, zerfetzte die Lampe, krachte mit einem Donnerschlag gegen den Schrank, jagte kreuz und quer durch das Zimmer, fegte meine Monsterfiguren-Sammlung komplett vom Regal, hüpfte von dort auf den Boden und rollte dann so, als wären es mickrige Käfer, über Uruh-Kais, Aliens und Riesenspinnen direkt auf mich zu. Beim dampfenden Teufelsdreck! Was sollte ich tun? Ich lag flach auf dem Boden. Das fiel mir jetzt auf. Ich hielt die Hände schützend über den Kopf. So sehr hatte ich mich erschrocken und ich erschrak jetzt noch mehr, als die giftgrüne Kugel meine Nasenspitze berührte. Beim schleimigen Hexenkuss! Ich sprang sofort auf. Ich griff an meine Nase, weil ich fest daran glaubte, dass sie auf Pickelpinocchiogröße anschwellen würde ...

Ja, und dann, dann starrte ich auf den Fußball hinab.

Er war so giftig wie grün und in diesem Grün glühte ein Zeichen: augenausbeißerisch-vulkanfeuerrot! Ich konnte es beim ersten Hinschauen gar nicht entziffern, doch dann brannte sich das Logo in meine Netzhaut hinein. Das Logo und die Lunte, die im Ballventil steckte. Sie brannte jetzt

ab. Ein Knallkörper sprühte Funken und platzte und dann flog dieser Zettel vor mir durch die Luft. Quietschrosa flatterte er vor meiner Nase. Er lachte mich aus. Er verspottete mich. Das konnte ich spüren. Ja, das wusste ich bereits, bevor ich ihn schnappte und bevor ich das las, was in giftgrüner Tinte auf seiner Rückseite stand. Beim kochenden Höllenschlund! Ich stürzte zum Fenster. Ich sprang aus ihm raus und so, wie ich war, rannte ich in den Garten.

»Den packe ich mir!«, rief ich. »Der wird dafür büßen!« Ich ballte die Fäuste und rannte wild hin und her. »Hast du gehört? Wer immer du bist, du wirst dafür büßen!«

Da stand Edgar vor mir, ihr wisst schon, der Butler, und der bekam einen knallrot glühenden Kopf.

»O-oh-la-lah!«, stieß er verdattert hervor. »Monsieur Markiis. Was mach-ön Sie 'ier?«

Edgar erstarrte. Er starrte mich an.

»Edgar! Was ist denn? Hast du hier irgendjemand gesehen?« Ich ballte die Fäuste.

»Isch? Oh-nein, nein!«, beeilte sich der Butler zu sagen. »Und isch, öhm, isch, isch 'offe für sie, dass 'ier auch kein anderör ist.«

»Das stimmt aber nicht!«, fauchte ich ungeduldig. »Edgar! Hier muss jemand sein. Ein richtiger Mistkerl, und dieser Mistkerl, hörst du, der ist nicht mein Freund!«

»Oh!«, stöhnte der Butler erschrocken und schaute sich um. »Oh, sind Sie sischer? Oh, dann nehmön Sie das!«

Er schlüpfte aus seiner Frackjacke und hielt sie mir hin.

»Monsieur Markiis!«, flehte er, »s'il vous plaît! Isch bitte Sie 'öflich. Isch mein, Sie sind nackt!«

Ich starrte ihn an. Ich wollt es nicht glauben. Ich

hoffte und betete, dass es nicht stimmte. Doch dann spürte ich es. Verflixt, ich spürte den Wind. Ich spürte ihn dort, wo sich meine Hose befindet. Ich mein da, wo ich dachte, dass sie sich befindet. Ja, und dann, dann senkte ich langsam den Blick.

»Eiskalter Teufelsfluch!«, zischte ich heiser und leise. Eigentlich wollte ich schreien, doch ich konnte es nicht. Die Luft für den Schrei verdampfte in meinem Hals. So wütend war ich und so truthahnbalzlappenrot.

»Eiskalter Teufelsfluch! Edgar!«, flüsterte ich. »Dafür werden sie büßen!«

Ich blitzte ihn an. Ich blitzte ihn an, als wollte ich Edgar bestrafen, und dann rannte ich schnurstracks zurück ins Haus.

Biestige Biester

»Dafür müssen sie büßen!«

Meine Stimme war immer noch heiser, doch dafür war sie jetzt rau. So rau wie Sandpapier mit der gröbsten Körnung und sie hätte jeden Feind in den Boden geschliffen! Doch das konnte sie nicht. Garstiger Hexenzauber! Der Feind war nicht da.

Statt ihm lag der grüne Ball auf dem Amboss und brannte sein Logo in unsere Netzhäute ein.

»Biestige Biester« stand da in rasiermesserscharfen Buchstaben um einen augenausbeißerisch-vulkanroten Kopf: einen Flederkatzen-vampirtotenkopfschädel mit einem eiskalten Auge darin.

Wir saßen auf Camelot, unserer Feste, und hatten das alte Holzfass in unsere Mitte gerollt. Das machten wir immer, wenn eine Gefahr heraufzog, und das, was hier gerade passierte, das sage ich euch, das war noch viel mehr als eine Gefahr.

»Los! Lies das vor!«, befahl ich Raban und hielt ihm den rosa Zettel vor die Nase.

Der Junge mit der Coca-Cola-Glas-Brille zuckte erschrocken zurück.

»Wieso ich?«, fragte er, als wär der Zettel vergiftet.

»Weil du unser Manager bist«, antwortete ich, »und weil sich sonst kein anderer traut.«

Raban schluckte. Er schaute sich um. Er hoffte doch wirklich, ich hätte gelogen, doch ich hatte ihnen allen die Geschichte erzählt.

Ich hatte es keinen Augenblick länger ertragen.

Der Vormittag in der Schule war die reinste Tortur. Dreimal sprang ich im Unterricht auf. Ich rannte zur Tür. Ich wollte hinaus. Ich dachte doch wirklich, es hätte geläutet. Doch dabei war es beim dritten Mal erst Viertel nach acht. Mann-oh-Mann-oh! Am vorletzten Schultag musste ich zum Direktor und – dreieinhalbstündiger Hexenfurz! – der ließ mich gar nicht mehr gehen. Selbst nachdem der Schlussgong ertönt war, selbst nachdem die Putzfrau die Regalbretter abgestaubt und die Blumen gegossen hatte, selbst nachdem der Hausmeister die Schule abgesperrt hatte und verflixt noch mal zu Hause vor seinem Fernseher saß, selbst dann hielt mich der Direktor immer noch fest. Er saß einfach vor mir und grinste mich an. Dabei hatte ich ihm doch nur meine Meinung gesagt. Ich hatte ihm gesagt, was ich von der letzten Schulwoche hielt. Verflixt! Sie war die reinste Schikane. Und genau das bewies er mir jetzt. Das bewies er mir sieben lange Stunden bis um Viertel nach drei.

»So«, lächelte er triumphierend. »Jetzt darfst du gehen.«

»Oh. Das ist aber schade«, grinste ich eiskalt zurück. »Ich hab schon gedacht, wir spielen noch 'ne Runde Canasta.«

Doch diese Coolness war ein drittklassiger Fake. In Wirklichkeit saß mir die Angst in den Knochen. Ich floh aus der Schule. Ich sprang auf mein Bäckerradseifenkistenflaggschiff-Fahrrad und raste wie wild durch die Stadt. Ich raste nach Camelot. Ich kappte das Seil mit dem Sandsack. Ich katapultierte mich auf den höchsten der Türme und blies in das Horn: in Camelots Horn, und das hallte quer durch die Stadt. Es hallte bis in den Teufelstopf, wo die *Wilden Kerle* trainierten. Der Holzzaun vibrierte um sie herum. Willi, unser Trainer, verlor vor Schreck seinen Hut. So standen ihm die Haare zu Berge. Und – Mann-oh-Mann-oh! – danach dauerte es keine sieben Minuten, da waren alle dreizehn Kerle bei mir. Sie stoben im Pulk in Julis Garten hinein. Sie sprangen im Fahren aus ihren Sätteln. Sie schnappten sich Leitern und Seile und stürmten dann so, als wollten sie Camelot entern, in die riesige Halle unseres Baumhauses hinein.

»Was ist los?«, fragten sie aufgeregt und wild durcheinander.

»Was ist denn passiert?«

»Markus, was soll das?«

»Warum bist du nicht zum Training gekommen?«

Doch dann entdeckten sie den Ball auf dem Amboss, und als hätte sie dieses Ding hypnotisiert, verstummten sie alle. Sie setzten sich wortlos. Sie sackten zu Boden. Kein »Kacke verdammte!«, kein »Sakra-Rhinozeros-Pups!«, nein, nicht einmal ein »Heiliger Muckefuck!« oder ein »Schitte!« waren zu hören.

Sie saßen nur da.

Sie starrten auf das augenausbeißerisch-vulkanrote Logo und sie wurden ganz blass, als ich ihnen die Geschichte erzählte. Ja, und Maxi »Tippkick« Maximilian, dem Mann mit dem härtesten Bums auf der Welt, zog es alles Blut aus den Adern, als er von der Macht des Schusses erfuhr, mit der dieser Ball in meinem Zimmer einschlug. Katta-ta-WUMM!

»So, und jetzt liest du bitte diesen Zettel hier vor!«

Raban, dem Helden, standen seine Hörner zu Berge. Er schaute mich an, als schickte ich ihn, nur mit einer Pumuckl-Unterhose bekleidet, in den Ballettunterricht. Doch ich wusste, es würde noch schlimmer. Ich hatte den Brief schon heute Morgen gelesen und das war eindeutig ein Mal zu viel. Ein zweites Mal würde mich wahnsinnig machen. Aber die anderen mussten es hören.

»Beim brodelnden Hexenkessel! Raban, worauf wartest du noch?«

Raban nahm den Brief mit zitternden Händen. Er entfaltete das zerknüllte Papier. Er putzte die Angst von seiner Coca-Cola-Glas-Brille und würgte einen Kloß aus dem Hals. Erst einen, der so groß war wie eine Melone. Dann einen, der so groß war wie zwei. Ja, und dann würgte er noch mal so lange, bis ein ganzer Melonen-Lastwagen aus seinem Hals herausgeplumpst kam. Grunzender Teufelsrülpser! Und selbst dann war seine Stimme immer noch heiser.

»Okay, also gut! Wie du willst«, flüsterte er und dann begann er endlich ... nein, das stimmt nicht ganz! Halt! Dann begann er leider Gottes zu lesen.

»Hey und hallo!«, las Raban ganz leise. »Das ist ja echt lustig. Euch gibt es in echt. Und wir müssen euch leider ein großes Kompliment machen: Wir haben schon so viele Sachen über euch wilde Racker gehört.«

Raban stockte der Atem. Er schnappte nach Luft und dann plusterte er sich wie ein Maikäfer auf, der ein Rhinozeros sein will.

»Wilde Racker!«, fauchte er und stampfte dabei auf den Boden. »Das steht da wirklich. Habt ihr das alle gehört?«

»Ja, Raban!«, zischte ich. »Aber das ist erst der Anfang!«

Leon und Marlon blitzten mich an. Sie wollten mich stoppen, doch das ließ ich nicht zu.

»Los, Raban, lies weiter!«, fuhr ich meinen Freund an, und wenn ihr wollt, könnt ihr es jetzt und für immer behaupten: Markus, der Unbezwingbare, trägt alleine die Schuld. Er trieb die *Wilden Fußballkerle* in ihr Verderben.

Aber ich konnte nicht anders. Verflixt! Versteht ihr das nicht? Das ist wie bei der Fabel vom Skorpion und dem Frosch. Das hat euch Joschka doch schon erklärt, als wir uns alle vor Gonzales versteckten: vor Gonzo Gonzales, dem blassen Vampir.

»Raban, was ist?!«, forderte ich ungeduldig und mit diesen drei Worten nahm unser Schicksal dann seinen unaufhaltsamen Lauf.

»Oh, sorry«, las Raban. »Jetzt werdet ihr ganz bestimmt wütend. Aber ihr wollt doch immer, dass man aufrichtig ist. Und das sind wir jetzt, hört ihr, und die Wahrheit tut weh. Ihr seid keine Kerle, ihr seid höchstens Racker, und dass ihr die wildeste Fußballmannschaft der Welt sein wollt, ist deshalb ein Witz. Euer Teufelstopf ist ein Bolzplatz und der schwarze Ball eine Murmel. Euer Baumhaus würde bei uns nur als Gartenlaube durchgehen. Ja, und für die Dimension Acht, in der ihr herumkickt, fällt uns leider nur ein Name ein: Pampers-Liga. Ha! Was sagt ihr jetzt?«

Raban, der Held, schnappte nach Luft. Seine Augen wurden größer als seine Coca-Cola-Glas-Brille und dann plusterte sich auch der Rest von ihm auf. Er wuchs auf dreifache Rhinozerosgröße. Er würde gleich platzen, so wütend war er ... Doch das war zu früh.

»Lies weiter!«, befahl ich und Raban gehorchte.

»Ha! Was sagt ihr jetzt?«, las er mit bebender Stimme. »Nun, wir hoffen, dass ihr nicht kneift, und wir hoffen, ihr werft den Brief nicht gleich weg, so wie ihr es mit Vanessas Brief vor einem Jahr machen wolltet. Denn dann verpasst ihr eure einzige Chance: Die wildeste Fußballmannschaft der Welt sind nämlich wir – die *Biestigen Biester*, und dass ihr so berühmt seid und uns keiner kennt, ist eine Schande und eine Beleidigung, die alle Drachen, Nattern und Vipern sofort aus der Haut fahren lässt.

Deshalb fordern wir euch heraus. Das seid ihr uns schuldig. Wir fordern, dass ihr gegen uns spielt: in einer Woche, am 5. August, in der Natternhöhle in Hamm in Westfalen. Bei Sonnenuntergang erwarten wir euch und dann werden wir es allen beweisen. Dann schießen wir euch in die Wüste hinein und danach bis ans Ende der Welt. Dafür reißen wir uns unsere Giftzähne aus. Das versprechen wir euch!

Doch falls ihr so seid, wie wir es vermuten. Falls ihr gar nicht erst kommt oder es nicht rechtzeitig schafft, nun, dann solltet ihr euch ganz schnell verstecken. Am besten auf Camelot, in eurem Schrebergarten-Baumhäuschen, und dort solltet ihr bleiben, bis ihr alt und tatterig seid.

Denn auch dann wird die Welt die Wahrheit erfahren. Sie wird von uns hören, wer ihr in Wirklichkeit seid: ein Haufen kleiner Jungs, die Weihnachtsschmuck basteln und die am liebsten nicht Fahrrad, sondern Bobby-Car fahren.

So, jetzt sind wir fertig mit euch und wir hoffen, es geht euch noch gut. Nutzt eure Chance, auch wenn sie gar keine ist. Der Sommer gehört dem, der am wildesten ist, und macht euch nicht gleich in die Hosen.

Wir grüßen euch alle mit unserem Klapperschlangengerassel!

KSSSSSS! KSSSSSS!

Eure *Biestigen Biester.*«

Beim dampfenden Teufelsdreck!

Die Stille, die nach dem Brief auf Camelot herrschte, war eine Stille à la Maxi »Tippkick«, und zwar zu der Zeit, als er wirklich stumm war und seine Beine aus Gummi.

Es war eine Ich-hör-das-Kochen-und-Brodeln-des-Blutes-in-meinen-Adern-Stille. Es war, als hörten wir das Gefühl, das uns wie heißkalte Kakerlaken den Rücken hinab und über das Steißbein bis in unsere Unterhosen huschte. Beim dampfenden Teufelsdreck! Und dabei hörten wir nichts. Nein! Wir konnten nichts hören, denn wir hatten Schiss! Die Luft um uns herum war plötzlich aus Watte. Sie erstickte jedes Geräusch und sie kroch uns bei jedem Versuch, den Mund nur zu öffnen, in die Kehlen hinein. Schleimschimmlige Hexenkobra! Selbst fluchen konnten wir nicht und wir drohten vor Wut schon zu explodieren, da sprang Leon endlich – und Gott sei Dank! – auf.

Er sprang auf und schlug die Faust durch die Watte. Er schlug sie mit aller Kraft gegen die Wand.

»Kaaaaacke veeeerdaaaaammte!«, schrie er dabei, wie jemand, der mit dem Kopf unter Rübenkraut schreit.

Doch sein Schlag war so mächtig, dass die Bretter zerbarsten, und mit diesem Schlag befreite er uns. Die Watte verschwand. Wir konnten atmen und im nächsten Augenblick schwappte eine Welle aus Flüchen und Schimpfwörtern aus uns heraus.

»Südbrasilianische Meerschweinchenpisse!«

»Beim drei-hei-beinigen Ochsenfroschfurz!«

»Terro-touristische Stachelbeerbiester!«

Und:

»Heiliger Muckefuck!«

Raban zerknüllte den Brief, und während wir fluchten, kickten wir den rosa Zettel durch das Baumhaus hindurch.

»Schlotterbein!«

»Schitte noch mal!«

»Kreuzhühnerkackkümmel!«

»Hippopotamusbullenpropellerschwanzmist!«

»Kacke verdammte!«

»Verflixt und vernäht!«

Und:

»Krumpelkrautrüben und krapfenkrätziger südsee-karibischer Schlitzohrenpirat!«

Mann-oh-Mann-oh! Das tat vielleicht gut. Danach fühlten wir uns alle tausendmal besser. Der Brief lag zerfetzt in der hintersten Ecke, doch dann fiel unser Blick auf den giftgrünen Ball. Er starrte uns an: aus seinem eiskalten Fledkatzentotenkopfauge und nur einen halben Atemzug später war alle Erleichterung weg. Sie verdampfte wie ein Wassertropfen auf der heißen Herdplatte.

»Na-ha bra-havo!«, zischte Deniz, der Türke. »Und was machen wir jetzt?«

»Der 5. August liegt in den Ferien.« Felix, der Wirbelwind, konnte vor Asthma kaum sprechen. »Da bin ich auf Helgoland und Maxi in Dänemark ...«

»Und ich«, schimpfte Vanessa, die Unerschrockene, »lass mir gemeinsam mit meiner Oma Fango-Packungen geben.«

»Ja, Krumpelkrautrüben! Und selbst wenn wir hier wären, würd uns das nicht viel nützen. Unser Opa wohnt in Hamm in Westfalen und das ist über sechshundert Kilometer weit weg.« Marlon, die Nummer 10, der sonst nie die Fassung verlor, riss sich sein Stirnband vom Kopf und warf es zu Boden.

»Und ich«, brummte Rocce, »ich bleib in Brasilien!« Der Zauberer riss sich den Fledermausflügel vom Hals. »Beim Santa Panther im Raubkatzenhimmel! Ich komme nie mehr nach München zurück.«

»Wie bitte?«, entfuhr es Annika. Die Drachenreiterin wurde ganz blass. Sie liebte den Zauberer und er liebte sie.

»Nein. Ich komm nicht zurück.« Der Brasilianer blieb stur. »Ich denke nicht dran. Du kannst nicht erwarten, dass ich dann noch hier leb. Ich mein, nach den Ferien, wenn alle Welt denkt, dass ich, Rocce, Ribaldos Sohn, Bobby-Car fahr und in der Pampers-Liga spiel!«

»Okay!«, fauchte Annika so trotzig wie er. »Dann bleib ich im Bayerischen Wald!«

»Und ich in den Alpen«, beschloss Raban, der Held. »Ich lass mir ’nen Bart wachsen, dass mich keiner erkennt. Ich such mir ’ne Höhle, in der mich keiner mehr findet, und dann werde ich klamm und ganz heimlich der erste Tiroler zen-buddhistische Mönch.«

Er seufzte und setzte sich auf den Boden. Ja, und Joschka setzte sich auch.

»Terro-touristische Einsiedlerkacke!«, hauchte

die siebte Kavallerie. »Dann gibt es die *Wilden Kerle* nicht mehr.«

Er schaute verstört in die Runde. Wir waren wachsbleich. Ja, so wie wir aussahen, konnte man uns alle sofort in ein Wachsfigurenkabinett stellen, zusammen mit einem riesigen Schild. Das war quietschrosa und auf dem stand in giftgrüner Tinte: »Hier seht ihr die wilden Racker, ha ha! Die angeblich wildeste Fußballmannschaft der Welt.«

Leon und Marlon blitzten mich an.

»Warum hast du diesen Brief nicht einfach zerrissen?«, zischte der Slalomdribbler. »Dann wär alles noch so, wie es war.«

»Leon hat recht!«, stand ihm sein Bruder zur Seite. »Was interessiert uns Hamm in Westfalen. Das ist über 600 Kilometer weit weg.«

»Genau«, lachte Leon. »Wir ignorieren sie einfach. Wir tun einfach so, als hätten wir den Brief nie gekriegt.«

»Ja, und den Ball vergraben wir bei uns im Garten«, fügte Fabi lachend hinzu.

»Oh ja, ganz genau! Und dann verstecken wir uns!« Ich konnte meinen Spott nicht länger verbergen. Das Verhalten meiner Freunde war eine Schande für mich. »Und wenn der zweite Brief kommt oder der dritte, dann verstecken wir uns einfach noch mehr.«

»Jetzt mach mal ’nen Punkt!«, empörte sich Leon. »So was kommt doch bestimmt kein zweites Mal vor.«

»Träum weiter!«, wischte ich seine Bemerkung hinweg. »Und besorg dir lieber ’nen Bart. So einen, wie Raban ihn schon nach dem ersten Brief trägt, denn wenn der fünfte oder sechste bei uns eintrudeln wird, sitzen wir alle bei ihm in der Höhle.«

Mein Blick suchte Rocce und Annika und strafte die beiden mit purer Verachtung.

»Entschuldigung, oder im Bayerischen Wald. Mann-oh-Mann-oh, bist du vielleicht feige!«

Annika, die Drachenreiterin, senkte den Blick.

»Aber der Feigste von allen ist Rocce«, rief ich. »He, guckt ihn euch an. Ich mein, solang er noch da ist. Denn er läuft von uns allen am weitesten weg.«

»Sag das noch mal!«, fauchte der Brasilianer und dann traf mich sein Schlag direkt auf das Kinn. »Na, komm schon, ich warte!«

Ich schaute ihn an. Rocce hob seine Faust und die sah noch mehr nach Schmerz aus als seine erste.

»Sag das noch mal!«, drohte er mir.

Ich spürte das Blut, das sich auf meiner Zunge verteilte.

»Hey! Ist ja schon gut!«, sagte ich und rieb mir

die Wange. »Das fühlt sich ja schon viel besser an.« Ich schenkte Rocce ein ganz mildes Lächeln. »Jetzt bist du trotz aller Feigheit noch wütend geworden.«

Der Brasilianer schlug zu. Blitzschnell und ohne Vorwarnung schoss seine Faust auf mich zu. Doch ich war noch schneller. Ich wich ihr aus. Ich packte den Arm. Ich nutzte die Kraft seines Schlages frech aus und schleuderte Rocce quer durch den Raum. Der Zauberer krachte gegen die Baumhauswand und blieb dort verdattert liegen.

»Wow!«, staunte er. »Wo hast du das denn gelernt?«

Doch ich hatte keine Zeit für lange Geschichten.

»Komm schon! Steh auf!«, forderte ich. »Ich dachte, du willst mich verprügeln.« Das Blut in meinem Mund schmeckte nach Eisen und Kampf. »Los, komm schon. Ich warte. Oder war das schon alle Wut, die du hast?«

Rocces Augen verengten sich zu ganz schmalen Schlitzen. Doch er sprang nicht auf. Er musterte mich. Und ich spürte die Blicke der andern. Alle dreizehn *Wilden Kerle* starrten mich an. Sie starrten mich an, als wär ich keiner von ihnen, als käm ich direkt aus dem finstersten All. Denn so einen Streit, das wusste ich auch, hatte es noch nie in unserer Mannschaft gegeben.

»Was willst du von uns?«, fragte Rocce feindselig und ich schleuderte ihm meine Antwort direkt ins Gesicht.

»Ich will euren Stolz! Verflixt, ich will stolz auf euch sein! Ich will mich nicht für euch schämen. Kapiert ihr das nicht? Beim dampfenden Teufelsdreck! Dieser Brief ist ’ne Ehre. Das ist so wie bei Doc Holiday oder Billy the Kid.«

»Billy se was?«, fragte Joschka verdattert. »Ich kenn nur Billi, den Flugzeugpropeller-Ringelsocken-Klapperschlangen... Autsch!«

Die Kopfnuss von Juli kam direkt aus dem Nichts.

»Oh Mann, bist du dämlich!«, ärgerte sich »Huckleberry« Fort Knox. »Billy the Kid ist ein Revolvermann, Dummkopf, und er war der beste und schnellste, den es je gab.«

»Genau«, sagte ich. »Und weil das so war, wurde er von allen Revolvermännern gejagt. Sie jagten ihn nur, um ihm eins zu beweisen: dass sie besser waren als er.«

Ein Raunen ging durch die Halle von Camelot und Fabi pfiff durch die Zähne.

»Heiliger Muckefuck!«, strahlte der schnellste Rechtsaußen. »Und wir sind Billy the Kid?«

»Ja«, antwortete ich, »so kann man das sagen und deshalb werden wir ab heute gejagt.«

»Von den *Biestigen Biestern*«, zischte Felix, der Wirbelwind.

»Das sind die Ersten«, gab ich ihm recht. »Doch es werden noch viele andere folgen. Es sei denn, ihr steckt den Kopf in den Sand und gebt euch mit der zweiten Reihe zufrieden.«

»Kacke verdammte!«, fluchte Leon. »Ich hab keine Angst. Von mir aus können sie kommen. Jeden Tag können sie das. Ich schieß sie gern auf den Mond. Doch kommen müssen sie selber.«

Leon versuchte zu lachen.

»Ich mein, was ist denn das für ein Jäger, der sich 600 Kilometer entfernt von seinem Gegner versteckt und ihn herausfordert, wenn er Ferien hat. Verflixt! Wir sind doch gar nicht zu Hause.« Leon versuchte noch immer zu lachen. »Das ist doch ein Witz und dazu ein ganz schlechter.«

»Ach, findest du wirklich?«, fragte ich ihn. »Ich glaube, die Sache ist absolut ernst.«

»Ach ja, meinst du wirklich?«, frotzelte Leon.

»Ja, das meine ich wirklich!«, gab ich trocken zurück. »Und ich gehe noch weiter. Ich mein, du hast Angst.«

»Ich lache mich tot!«, versuchte sich der Slalomdribbler zu wehren.

»Nur gelingt dir das nicht. Habe ich recht?« Ich wurde ganz ernst. »In Hamm haben die Ferien nämlich schon längst begonnen und die *Biestigen Biester* waren bei uns. Eiskalter Teufelsfluch, Leon, jetzt wach doch mal auf. Wer sonst hat den Ball durch mein Fenster geschossen?«

Leon schnappte nach Luft. Er wollte was sagen, doch er konnte es nicht. Er wusste, dass das, was ich sagte, der Wahrheit entsprach. Alle wussten sie das und deshalb war es jetzt still.

Absolut still.

Doch diese Stille war gut. Sie kroch nicht wie eine Anakonda aus Watte in unsere Münder und Kehlen. Sie war keine Panik. Nein, sie machte uns frei. Es war die Stille vor einem mächtigen Sturm, in der ein lauer Frühlingswind weht. Und der umspielte jetzt unsere Schläfen. Er roch nach Aufbruch, nach Mut und nach Kampf, und er verwandelte uns wieder in das, was wir waren: in die wildeste Fußballmannschaft der Welt.

Beim brodelnden Hexenkessel! Und auch Leon, der Slalomdribbler, wurde wieder der alte: der wildeste Kerl, den es gab.

»Kacke verdammte!«, lachte er wieder und dieses Mal lachte er echt. »Kacke verdammte, dann ist es halt so. Dann müssen unsere Eltern dieses Jahr wohl allein in die Sommerferien fahren!«

Der Kriegsrat von Camelot

Doch das würden unsere Eltern niemals erlauben. Ich mein, dass wir ohne sie ganz allein zu Haus bleiben dürfen. Und das wochenlang. Sie wussten genau, was wir in dieser Zeit anstellen können. Nein, sie wussten es besser. Sie wussten, wir hatten etwas noch viel Schlimmeres vor.

»Mein Vater wird mich in seinen Golfsack einschnüren und persönlich nach St. Barth transportieren.« Ich schaute mich Hilfe suchend auf Camelot um.

»Und meiner«, seufzte Maxi »Tippkick«, »sperrt mich in ein Schließfach im Tresor seiner Bank.«

»Sei froh, da bist du zumindest alleine.« Felix, der Wirbelwind, war wie immer todernst. »Meine Mutter wird sich mit zwei Dutzend Fieberthermometern bewaffnen und sich zu meinem Schatten erklären. Sie wird mir auf Schritt und Tritt folgen und verflixt: Sie geht dann sogar mit mir aufs Klo.«

»Und meine«, brummte Raban, der Held, »wird mich fesseln und knebeln. Sie wird mich an ihren

Aktenschrank binden und dann stellt sie meine Cousinen davor. Als die drei apokalyptischen Wächter von Rüschenland Rosa, und gegen Rüschenland Rosa, das sage ich euch, ist Mordor ein Rehpinscherpups.«

»Ein Rehpinscherpups mit Schleifchen«, stöhnte Joschka, die siebte Kavallerie.

»Genau«, nickte Leon, »das finde ich auch. Und deshalb wird das eine Nacht- und Nebelaktion.« Er grinste uns an. »Wir fragen sie gar nicht. Wir hauen einfach ab. Und zwar heute noch. Denn morgen wär es zu spät. Morgen fahren die meisten von unseren Eltern schon in den Urlaub. Da müssen wir weg sein!«

Er schaute erwartungsvoll in die Runde.

»Oder habt ihr einen anderen Plan?«

Verflixt! Jetzt waren wir baff. An so etwas hatte keiner gedacht. Das klang richtig gruselig. Nein, das klang nicht nur so. Das war defi-terroristischnitiv eine Nummer zu wild und zu groß.

»Leon, das klappt nicht«, wehrte sich Felix. »Unsere Eltern werden nicht fahren. Sie werden uns suchen. Sie werden uns jagen und sie werden erst aufgeben, wenn sie uns zurückgeholt haben.«

»Genau«, grinste Leon, »und deshalb fahren wir nachts. Und nicht mit dem Zug. Nein, wir fahren im Pulk, auf unseren Rädern. Wir werden tagsüber schlafen und nachts Geheimwege wählen. So wie Frodo und seine Freunde, als sie an den Schwarzen Reitern vorbei vom Auenland nach Brandywein zogen.«

»Heiliger Muckefuck!«, raunte Fabi und pfiff durch die Zähne. »Leon, das meinst du nicht ernst?«

»Wieso?«, stutzte Leon. Er schaute seinen besten Freund vorwurfsvoll an. »Ist dir das alles vielleicht ein bisschen zu wild?«

»Ein bisschen? Ein bisschen?«, äffte Fabi ihn nach. »Beim krumpelkrautrüben- und hottentottenmäßigen Hippopotamusmist! Das ist der wildeste Plan deines Lebens. Er ist so wild, dass er von mir sein könnte.«

Der schnellste Rechtsaußen hob die Hand zum High Five.

»Alles ist gut!«, lachte er und Leon schlug ein.

»Ja, solange du wild bist!«, lachte der Slalomdribbler und dann wandte er sich wieder an uns. »Das sind wir doch, oder? Habe ich recht?«

»Flitzkackendes Hängebauchschwein!«, fluchte Rocce, der Zauberer, »das ist wohl die überflüssigste Frage der Welt.«

»Gut, das ist gut«, grinste Leon zufrieden. »Und ihr anderen, was ist mit euch? Denkt ihr genauso wie Rocce?«

»Klugscheißer!«, antwortete Marlon für uns.

»Erzähl lieber weiter. Was sollen wir tun? Oder ist das schon alles gewesen? Komm, Brüderchen, wo ist dein Plan?«

»Wie bitte? Was?«, fragte Leon verdattert.

»Ha, das ist typisch!« Jetzt grinste Marlon. »Weißt du, das hab ich mir fast schon gedacht.«

Und mit diesen Worten übernahm er das Ruder.

»Juli, du musst uns die Karten besorgen. Es gibt extra Fahrradkarten. Auf denen sind die Geheimwege drauf.

Jojo, du bringst die Karten zu Billi, dem Ringelsocken-Flugzeugpropeller-Klapperschlangenmann. Der kennt sich aus. Er war Vagabund. Lass dir von ihm die Orte einzeichnen, an denen wir tagsüber Rast machen können und die so geheim sind, dass man uns dort nicht findet.

Felix, du kümmerst dich um Verbandszeug und Medikamente. Deine Mutter hat doch bestimmt 'ne ganze Apotheke zu Hause.

Markus, du redest mit Edgar, dem Butler. Wir brauchen für mindestens zehn Tage Proviant.

Vanessa und Annika, ihr geht zum Phantom, zu Hadschi ben Hadschi, er muss uns Zelte und Gaskocher geben.

Ja, und Maxi und Deniz, ihr werdet die beiden begleiten. Fragt Hadschi, ob er auch Waffen hat. Das ist wichtig, hört ihr. Die werden wir brauchen.«

Wir zuckten zusammen.

»Oha! Einen Moment!«, rief Deniz, die Lokomotive. »Marlon, hier geht es um Fußball, weißt du?«

Doch Marlon fuhr ihm über den Mund.

»Ach ja? Dann erklär mir mal das!« Er nahm den rosa Brief und las vor: ›Doch falls ihr so seid, wie wir es vermuten. Falls ihr gar nicht erst kommt oder es nicht rechtzeitig schafft ...‹« Er schaute uns an. »Habt ihr das alle gehört? Die schreiben hier, dass wir es vielleicht nicht schaffen! Doch warum sollte das bitte passieren? He! Glaubt ihr etwa, dass wir uns verirren?«

»Schlotterbein und Tarzanschrei!«, hauchte Maxi »Tippkick« und im selben Moment kapierten wir's alle: Diese Reise würde kein Spaß. Auf dieser Reise ging es um alles.

»Genau«, seufzte Marlon, »also erklärt das auch dem Phantom. Und Leon, Raban, Joschka und Fabi, ihr besucht Willi. Erzählt ihm alles, was heute passiert ist, und ...«

»Nein!«, unterbrach Leon seinen älteren Bruder. »Das werden wir nicht.«

»Und warum?«, fragte Marlon ihn überrascht.

»Weil er ein Erwachsener ist, du alter Klugscheißer! Weil er uns alle sofort verpfeift. Das ist seine Pflicht, verflixt!«, schimpfte Leon. »Er kann die Verantwortung für so was nicht übernehmen.«

»Oh doch«, widersprach Marlon. »Er ist unser Trainer.«

»Aber er wird es nicht tun!« Leon ballte die Fäuste. »Und dasselbe gilt für Edgar, Billi und Hadschi ben Hadschi. Sie werden uns genauso verraten wie er.«

»Nein. Das werden sie nicht«, schüttelte Marlon den Kopf. »Nicht, wenn Willi es ihnen verbietet. Sie sind seine Gang.«

Leon wollte was sagen. Doch sein Bruder kam ihm zuvor.

»Leon, Krumpelkrautrüben! Jetzt denk doch mal nach. Wir brauchen ihre Hilfe. Ohne sie schaffen wir's nicht.«

»Klugscheißer!«, schnaubte der Slalomdribbler und Marlon gab ihm dieses Mal recht.

»Ich weiß«, gab er zu, »das ist verflixt noch mal schwierig. Aber ich schick euch nicht umsonst zu viert zu ihm hin. Leon, ihr müsst Willi unbedingt überzeugen.«

»Ja, ja, ist ja schon gut!«, brummte Leon zurück. »Raban, Joschka, Fabi, kommt mit!«

Er wollte schon gehen. Er war schon fast an der Tür. Da flammte der Bruderzwist noch mal in ihm auf.

»Ach ja, Brüderchen«, frotzelte er, »und was

machst du in der Zeit? Du machst doch was, oder ... ist dein Job mit dem Rumkommandieren erledigt?«

»Nein, das ist er nicht«, antwortete Marlon ganz ruhig. »Ich werde dasselbe mit unserem Opa versuchen. Er lebt seit 70 Jahren in Hamm und er ist bestimmt ...«

»... der beste Spion.« Leon staunte nicht schlecht. »Brüderchen, manchmal überraschst du mich wirklich. Manchmal bist du noch wilder als ...«

»Du?«, fragte Marlon total überrascht.

»Ja«, blaffte Leon. »Aber bild dir ja nicht zu viel darauf ein.«

»Nein!«, grinste Marlon. »Auf gar keinen Fall. Das wäre ja so, als würd sich ein Grizzlybär damit brüsten, dass er noch wilder als ein Goldhamster ist.«

Leon schnappte nach Luft, doch Marlon ließ ihm keine Zeit, um wütend zu werden.

»Kommt schon! Wir müssen los!«, trieb er uns an. »Erledigt eure Jobs und packt eure Sachen. Wir treffen uns alle um Mitternacht. Im Finsterwald bei der alten Ruine. Das heißt, falls mich Leon bis dahin nicht umgebracht hat.«

Er bot seinem Bruder die Hand zum High Five.

»Alles ist gut!«, grinste er.

»Ja. Solange du wild bist!«, fauchte Leon ihn an. »Doch für den Goldhamster wirst du noch büßen.«

Erst dann schlug er ein, mit funkelnden Augen, und mit ebenso funkelnden Augen brachen wir auf. Um Mitternacht sollte das größte Abenteuer in der *Wilde Kerle*-Geschichte beginnen und bis dahin hatten wir nur noch fünf Stunden Zeit.

Der Albtraum beginnt

Wir sprangen auf unsere Räder und rasten aus Julis Garten hinaus.

»Sei wild! Gefährlich und wild!«, riefen wir und dann, dann wurd es noch schneller.

Wir zogen die Leinen unserer Turboblasterantriebe. Die Schwungräder begannen zu heulen. Selbst mein Bäckerradseifenkistenflaggschiff machte ein Wheely und dann jagten Jojo und ich mit Vanessa und Deniz, mit Maxi und Annika quer durch die Stadt.

»Wisst ihr!«, rief ich. Ich war so erleichtert. »Wisst ihr, was das für uns alle bedeutet?«

»Und ob wir das wissen!«, rief Jojo begeistert.

»Ja, Schitte noch mal!«, fiel ihm Vanessa ins Wort.

»Keiner von uns wird in die Ferien fahren.« Annika, die Drachenreiterin, freute sich diebisch und Deniz, die Lokomotive, strahlte uns an.

»Wir blei-heiben a-halle zusammen!«, lachte der Türke.

»Die Sturmwolkenmonster werden verschwinden!«, freute sich Maxi.

»Ja, und alles bleibt, wie es ist!« Ich ließ den Lenker los. Ich breitete meine Arme aus, so weit, wie ich konnte.

»Ja, und alles bleibt, wie es ist!«, riefen wir alle zusammen und dann flogen wir oberaladinmäßig-Zauberlampen-fantastisch-freihändig durch die Stadt.

Wir flogen zum Höllentor, zur Brücke am Fluss, unter der Billi, der Flugzeugpropeller-Ringelsocken-Klapperschlangenmann wohnte.

»Und denk daran, Jojo! Sag ihm, Willi weiß über alles Bescheid.« Ich meinte das absolut ernst, doch Jojo war überhaupt nicht begeistert.

»Das ist eine Lüge«, wehrte er sich.

»Nein, nicht direkt!«, half mir Vanessa. »Leon, Fabi, Joschka und Raban werden Willi bestimmt überzeugen.«

»Und wenn nicht?«, hakte Jojo misstrauisch nach.

»Da-hann wei-heißt du das nicht«, lächelte Deniz und Maxi zwinkerte Jojo Piraten-schlitzohrig-aufmunternd zu. »Du behauptest ja nur, dass Willi Bescheid weiß. Du behauptest nicht, dass er sich einverstanden erklärt.«

»Ich kann da keine Lüge entdecken!«, schmunzelte Annika verschmitzt.

Jojo, der mit der Sonne tanzt, biss sich dreimal auf die Lippen. Er scharrte viermal mit seinen geflickten Sandalen im Gras.

»Verflixt und vernäht!«, grummelte er und dann gab sich seine brave Seele geschlagen. »Verflixt und vernäht! Ich glaub, ihr habt recht.«

Er drehte sich um. Er ging auf die Böschung zu und kletterte an ihr zu den Isarwiesen hinab.

»Los geht's!«, forderte Annika. »Wir müssen weiter.«

Da fiel mir noch etwas Wichtiges ein.

»Hey, Jojo!«, rief ich, »frag Billi doch bitte, wann er das letzte Mal an den Geheimversteckorten war. Ich meine, man weiß nie, wann sich etwas verändert. Und dann sind sie vielleicht nicht mehr sicher genug.«

Jojo drehte sich überrascht zu mir um.

»Was meinst du damit?«, flüsterte Vanessa erschrocken, doch ich deutete nur Richtung Fluss, über den sich das Höllentor spannte.

Obwohl es noch hell war, herrschte unter der Brücke schon Nacht und im Lichtschein der brennenden Kübel und Fässer tanzten die Schatten der Obdachlosen wie monsterarmige Kraken über die Wände.

»Was meinst du denn?«, gab ich die Frage zurück. »Möchtest du an so einem Ort wie dem Höllentor schlafen, wenn du nicht weißt, wer ihn sonst noch benutzt?«

Die Unerschrockene schluckte, Jojo scharrte schon wieder im Gras und die anderen drei hielten sich an ihren Fahrrädern fest.

»Beim dampfenden Teufelsdreck! Jojo, gib Gas!«, trieb ich den, der mit der Sonne tanzt, an. »Und wir müssen weiter! Deniz, Vanessa, Annika, Maxi!«

Ich trat in die Pedale. Ich riss mein Bäckerradseifenkistenflaggschiff herum und jagte vor den anderen her. Ich tat das, weil ich dachte, ich könnte meine Angst so besiegen, doch in Wirklichkeit rannte ich vor ihr davon. Ja, und den anderen ging es genauso. Und genauso wie ich traute sich keiner, darüber zu reden. Wir pressten die Lippen zusammen. Wir umklammerten unsere Motorradgriffe und so bogen wir dunkel, düster und schweigend in die Rosenkavaliersgasse ein.

Dort hielten wir an. Wir schoben den Obststand wortlos zur Seite. Wir hoben den Kanaldeckel hoch und dann kletterten Vanessa und Deniz, Maxi und Annika durch den Geheimeingang in die Geheimwerkstatt des Geheimerfinder-Obsthändler-Phantoms hinab.

»Bis Mitternacht!« Ich winkte ihnen nach, doch ich bekam keine Antwort.

Da wuchtete ich den Kanaldeckel auf die Öffnung zurück und schob den Wagen des Obsthändlers drüber. Ich ging zu meinem Seifenkistenflaggschiff und fuhr allein nach Haus.

Ganz allein, meine ich. Ich fühlte mich plötzlich so einsam wie eine brasilianische Feuerameise, die auf einem Streichholz auf dem Pazifischen Ozean treibt. Ja, und dann türmte sich unsere Reise nach Hamm wie das Schwarze Tor Mordors direkt vor mir auf.

›Gut, dass Leon unser Anführer ist‹, dachte ich und war ein bisschen erleichtert. Ich empfand vor dem Slalomdribbler einen tiefen Respekt. Was musste dieser Kerl aushalten können? Welche Verantwortung musste er tragen? Mann-oh-Mann-oh! Denkt doch nur mal an unser erstes Abenteuer, als er dem Dicken Michi den Kampf erklärt hat. Ja, und als er Raban und Joschka und dann auch noch Willi, den besten Trainer der Welt, aus der Mannschaft warf. Verflixt! Damals setzte Leon alles aufs Spiel: den Teufelstopf, das *Wilde Kerle*-Land und die Existenz von uns allen. Beim eiskalten Teufelsfluch! Um ein Haar hätte es die *Wilden Fußballkerle* nicht mehr gegeben und er, Leon, der Slalomdribbler, Torjäger und Blitzpasstorvorbereiter, hatte dabei noch nicht einmal mit der Wimper gezuckt.

›Mann-oh-Mann-oh!‹, dachte ich und versuchte

zu lächeln. ›Mit so einem Kerl kann uns doch gar nichts passieren. Dafür leg ich meine Beine ins ...‹

Halt! Nein! Das stimmt nicht. Das tue ich nicht. Ich leg meine Beine doch nicht auf den Grill. Oder könnt ihr euch etwa nicht mehr erinnern? Heute war etwas ganz Neues passiert. Heute hatte Leon ganz deutlich gezwinkert. Nein, er hatte nicht nur gezwinkert, er hatte Angst. Er wollte nicht wissen, was in dem Brief stand. Und als er es wusste, wuchs seine Angst. Seine und die der andern. Selbst Fabi und Marlon fürchteten sich und sie wehrten sich mit Händen und Füßen dagegen, dass wir die Herausforderung der Biester annahmen. Nein, sie wollten sich lieber verstecken. So groß war die Angst und der Einzige, der das nicht kapierte, war ich. Verkokelter Satansbraten! Ich musste unbedingt den Anführer spielen. Ich musste ihnen unbedingt von den Revolvermännern erzählen und jetzt war alles zu spät. Jetzt rannten wir alle in unser Verderben. Das wusste ich jetzt. Das wusste ich, als ich das Höllentor sah. Das Höllentor, das Feuer und die monsterarmigen Kraken. Sie tanzten und lachten und brüllten mir zu: »Hey, Markus! Du Unbezwingbarer, kannst du uns hören? Das Abenteuer, das du von deinen Freunden verlangst, ist sieben Nummern zu groß für euch. Das werdet ihr nie überleben!«

Südbrasilianische-Feuerameise-auf-Streichholz-in-Ozean-einsam

Als ich nach Hause kam, telefonierte mein Vater im Garten. Er ging telefonierend ins Wohnzimmer und telefonierte dann in der Küche. Dort traf er auf meine Mutter und die telefonierte genau wie er. Sie tranken telefonierend einen Cappuccino zusammen. Sie besprachen telefonierend die Abendeinladung. Sie begrüßten mich telefonierend, als ich sie begrüßte, und sie fragten mich telefonierend, wie es mir geht.

»Oh, mir geht's gut!«, log ich und dann ritt mich plötzlich der Teufel. »Ich büxe noch heute um Mitternacht aus. Ich fahre 600 Kilometer auf dem Fahrrad durch Deutschland und ich blase den *Biestigen Biestern* mal so richtig den Marsch.«

Ich stand in der Küche und sah aus wie ein mieser Verräter. Marlons Plan war geplatzt. Unsere Reise nach Hamm würde nicht mehr stattfinden können. Meine Eltern würden sie auf der Stelle verbieten. Beim lachenden Uruh-Kai! War das eine Schande! Aber trotzdem wollte ich es. Nein, ich wünschte es mir. Ich fühlte mich nämlich nicht nur wie ein mieser Verräter. Ich fühlte mich auch wie ein ganz kleiner Junge. Ein Junge, dem das Herz vor Angst aus der Brust springen und sich im Keller verstecken will. Denn ein Herz kann sich nicht die Ohren zuhalten, wisst ihr, und die Monsterkraken grölten noch immer: ›Hey, Markus! Das werdet ihr nie überleben!‹

Deshalb wagte ich einen zweiten Versuch.

»Hey, Mama und Papa!«, sagte ich leise. »Es tut mir sehr leid. Aber ich kann nicht mit euch in die Ferien fahren.«

»Oh, das ist schön!«, lächelte meine Mutter und telefonierte. Und mein Vater fügte telefonierend hinzu: »Und ich freue mich auf unser erstes Golfspiel. Ich wette, ich liege nach den ersten fünf Löchern schon zehn Schläge vorn.«

Dann ging er telefonierend zu seinem Auto und meine Mutter ging telefonierend ins Bad. Sie ging telefonierend unter die Dusche und ich blieb in der Küche zurück: südbrasilianische-Feuerameise-auf-Streichholz-in-Ozean-einsam.

Ich setzte mich an den Tisch. Ich zog meine Torwarthandschuhe aus und schleuderte sie in die Ecke. Ich pfefferte sie dorthin, wo der rosa Mülleimer stand, und dann saß ich einfach nur da. Ich saß da und hörte, wie mein Vater wegfuhr. Er hatte es ziemlich eilig. Ich hörte das Wasser der Dusche im Badezimmer und dann hörte ich nur noch die Stimmen: die Stimmen der Kraken unter dem Höllentor und die Stimmen der *Biestigen Biester* ...

»Der Sommer gehört dem, der am wildesten ist, und macht euch nicht gleich in die Hosen!«

»Das Abenteuer ... ist sieben Nummern zu groß für euch. Das werdet ihr nie überleben!«

Die Sätze schossen wie Flipperkugeln durch meinen Kopf. Sie prallten von innen gegen die Schläfen. Sie wollten mich in zwei Teile zerreißen.

»Bleib hier!«, schrien die einen. »Los, komm schon! Versteck dich!«

Und dagegen schrien die andern: »Ach was! Vergiss es! Komm, auf in den Kampf!«

Doch was sollte ich tun? Beim garstigen Hexenzauber! Seid ihr schon mal gleichzeitig vorwärts und rückwärts gegangen? Der Boden unter meinen Füßen begann, Wellen zu schlagen. Der Stuhl, auf dem ich saß, begann jetzt zu schwanken und – verflixt! – ich war mir ganz sicher: er schwankte auf der Spitze eines riesigen Turms. Ich konnte und wollte mich nicht mehr bewegen. Ich schloss meine Augen und ich hoffte nur noch darauf, dass mein Herz endlich aus meiner Brust springen würde und im Keller verschwand.

»O-oh! O-Oh!«, seufzte Edgar und stellte den heißen Kakao auf den Tisch. »Voilà, Monsieur Markùs, trinkön Sie das!«

Ich schaute überrascht zu ihm auf. In seiner Rüschenkochschürze sah unser Butler aus wie Mary Poppins mit Glatze.

»Los, los! Vite, vite! Trinkön Sie!«, forderte er. »Oder soll isch Ihnen die Nasö zu'alten?«

Und damit packte er zu. Blitzschnell tat er das. Mit Zeige- und Mittelfinger bekam er meine Nasenflügel zu fassen, und während er sie wie einen Schraubstock zusammenpresste, griff seine andere Hand schon nach dem Kakao.

»So, und jetzt 'olen Sie Lüft!«, befahl er und ich war so baff, dass ich ihm gehorchte.

»Güt. Das ist güt!«, zischte Edgar zufrieden.

Er holte kurz Schwung und dann goss er mir den ganzen Inhalt der Tasse mit diesem Schwung in den Mund.

»Hey! Einen Moment!«, protestierte ich heftig und spuckte die Hälfte der Ladung dabei wieder aus. »Edgar! Hör auf! Ich bin doch kein Baby!«

Ich riss meine Nase aus dem Schraubstock und blitzte ihn an. Doch Edgar interessierte nur seine

Schürze. Die war die längste Zeit weiß gewesen und selbst die ehemals so stolzen Rüschen hingen schlaff und kakaogetränkt an ihr herab.

»Nün«, brummte er skeptisch. »Je ne sais pas. Isch weiß nicht, isch weiß nicht.« Er musterte mich. »Auf jeden Fall laufön Sie nicht mehr nackt dürch die Gartön.«

Ich wurde knallrot.

»Und Sie brauchön jetzt Müt.« Edgar ging mit der Tasse zum Herd und füllte sie auf. »Excusez-moi. Abör isch 'abe alles ge'ört. Isch meinö, von die Biestigen Biestör und dass Sie blasön wollön ihnön die Marsch.«

Jetzt wurde ich blass.

»Ach ja?«, verschluckte ich mich erschrocken. »Ähem, das ach, ich meine, ja ... Ja, Willi weiß über alles Bescheid.« Ich lachte erleichtert, weil mir das einfiel. »Er hat uns wirklich alles erlaubt und ...«, damit zog ich meinen Hals bestimmt aus der Schlinge, »... er ist dein Boss. Vergiss das nicht, Edgar!«

Ich versuchte, so ernst und so streng zu schauen, wie ich nur konnte.

»Oh! O-oh!«, staunte der Butler und gab noch einen Löffel Sahne zu dem Kakao, »isch verste'ö, isch verste'ö. Abör warüm sind Sie dann so blass?«

Er setzte sich zu mir und stellte den Kakao auf den Tisch.

»Hier! Trinkön Sie!«, seufzte er und schaute mich an.

Er schlug seine Stirn und seine Mary-Poppins-Glatze in Falten und zupfte an den kakaonassen Rüschen herum.

»Qu'est-ce que j'ai dit? Isch mein, wie soll isch sagön? Isch se'e aus wie einö begossenö Püdel. Aber Sie, Monsieur Marküs, Sie ... Ich meinö, excusez-moi, s'il vous plaît: Aber Sie, Monsieur Marküs, Sie se'en wie einö begossenö Zwergpüdel aus.«

Er presste Daumen und Zeigefinger zusammen.

»Wie einö Mini-, Mini-, Mini-Zwergpüdel!«

Ich schluckte und wurde noch blasser. Für so eine Beleidigung wäre ich jedem anderen Menschen an jedem anderen Tag sofort an die Kehle gesprungen. Doch heute, beim dampfenden Teufelsdreck, heute hatte Edgar verflixt noch mal recht.

»Nein, Edgar«, schüttelte ich deshalb den Kopf. »Ich fühl mich noch kleiner. Ich fühl mich so klein, wie eine südbrasilianische Feuerameise ...«

»... die auf einöm Streich'olz über die Pazifischö Özean treibt.« Edgar nickte und seufzte. »O-oh. Das kennö isch: diesös Gefühl.«

»Ja,« nickte ich. »Man kann nicht mehr vor und zurück.«

»Odör links odör rechts«, seufzte der Butler in der Kakaorüschenschürze.

Und ich seufzte: »Man sitzt einfach nur bis zum Hals in der Schei. . .«

»O-oh, na-na!«, ermahnte mich Edgar. »Monsieur Markϋs, auch wenn das stimmt . . .«

»Okay!«, grummelte ich, »dann halt in der Falle.«

Doch damit war Edgar auch nicht zufrieden.

»Non!«, brummte er. »Non! C'est ne pas vrais, das ist nischt wahr. Das ist keinö Falle! Das ist einö ganz beschissenö Falle!«

Er schaute mich an. Er meinte das absolut ernst, doch dann huschte ein Lächeln aus seinen Augen heraus und vertrieb die Falten von seiner Glatze.

»'abe isch recht?«, lächelte er.

»Ja«, gab ich zu, »und weißt du, was noch?« Ich holte tief Luft. »Ich hab eine fürchterlich schreckliche Angst!«

Edgars Lächeln verschwand.

»Isch weiß«, nickte er, »abör dagegön 'ilft die Kakao.«

Der Butler stand auf. Er ging zum Herd und holte den ganzen Topf Schokolade.

»Isch 'abe drei Litör für Sie gemacht und isch denkö, das müsstö reichön.«

»Wofür?«, fragte ich.

Ich starrte entsetzt auf den riesigen Topf.

»Für die Müt«, erklärte mir Edgar. »Dass Sie sisch trau'ön. Dass Sie sisch nicht piss'ön vor Angst in die 'emd.«

»Hey, hey!«, wehrte ich mich. »Ich weiß, was Mut heißt.«

»C'est bon«, lächelte Edgar. »Dann schieß'ön Sie lös. Vite, vite! Erzählön Sie mir die ganzö Geschichtö.«

»Wie bitte? Was?«, fragte ich ihn verdattert.

»Exactement. Sie 'aben verstandön. Die ganzö Geschichtö: von die nackigö Spaziergang im Gartön 'eut' Morgön bis zu die Feuerameisö im Meer.«

Edgar hielt mir die Tasse unter die Nase.

»Odör 'aben Sie unendlisch Zeit?«

»Oh-Mann-oh-Mann-oh!« Ich seufzte gleich zweimal. »Oh-Mann-oh-Mann-oh!«

Dann trank ich die Tasse auf ex. Die Tasse und noch zwei, die mir Edgar gleich nachschenkte. Und dann, während weiterer fünfeinhalb Tassen, erzählte ich ihm alles, was meine arme Seele bedrückte. Ich erlebte noch mal, was in den letzten Stunden passiert war, verflixt, und Edgar erlebte es mit.

Wir wurden von Freddie el Freddie, dem fressenden Fresser-Kannibalenschwammkopf gefres-

sen und von den Sturmwolkenmonsterkrallen gejagt. Wir bekamen knielange Bärte. Wir versteckten uns als zen-buddhistische Mönche vor nattergiftgrünen Revolvermännern, und während sich meine Mutter telefonierend von uns verabschiedete und meinem Vater telefonierend auf ihre Abendeinladung folgte, wurden wir von augenausbeißerischvulkanroten Natternaugen selbst in der finstersten Nacht aufgespürt.

»O-Oh, la-la!«, stöhnte Edgar und saugte vor Aufregung die Kakaoreste aus seinen Schürzenrüschen heraus.

Dann flohen wir weiter. Wir flohen durch Höllentore. Wir entkamen den Kraken, wir versteckten uns in einem Schrebergartenbaumhäuschen und dort sahen wir uns dann im Fernsehen jeden Tag von morgens bis abends immer wieder denselben *Wilde Kerle*-Film an:

In dem fuhren wir mit Bobby-Cars auf dem Kinderspielplatz spazieren. Willi hieß Wilhelmine, unsere Liga hieß Pampers und anstatt in Trikots kickten wir in Windeln herum. Beim dampfenden Teufelsdreck! Stellt euch mal Edgar, den Butler, in einer Windel vor. Und zwar in einer, auf der vorne ein Schnuller und hinten quer über den Po »Letzter Sieger« aufgedruckt wurde.

»Das reicht!« Edgar sprang auf und ballte die Fäuste. »O-ooooh! 'aben Sie das wirklich alles gesagt?«

»Das und noch mehr!«, zischte ich und war wieder wütend. Oh Mann, und das fühlte sich wunderbar an.

»O-oooh!«, fauchte Edgar. »Diesö Biestigön Biestör!«

Er fasste den Topf mit beiden Händen. Er führte ihn an den Mund. Er trank den letzten Liter Kakao und dann rülpste Edgar, der Butler, so laut wie ein Löwe.

»Ah-AHH! Dafür werdön sie büßön!«,

»Ja, das werden sie!«, rief ich und sprang neben ihm auf. »Dafür leg ich meine Beine ins Feuer!«

»Meinö Beinö!«, schwor Edgar.

»Meine Seele!«, schwor ich.

»Meinö ’erz!«

»Und meine Torwarthandschuhe!«

Ich hob die Hand zum High Five und Edgar schlug ein.

»Finito! Teufelsbasta und Sch…!«, zischte ich, da zuckte der Butler erschrocken zurück.

»Igitt und Kotz-Würg!«, rief er entsetzt. »Monsieur Markűs, oh mon Dieu! Ihre ’ändö sind nackt.«

»Äh-ätzende Hexenspotze!« Ich war genauso entsetzt. Ich starrte auf meine Hände und verflixt und tatsächlich: Sie waren nackt. Meine Torwarthandschuhe waren verschwunden. Ich hatte sie weggeworfen. Das fiel mir jetzt ein und dann schauten Edgar und ich fast gleichzeitig zum rosa Mülleimer.

»O-Oh! Vite! Vite!«, befahl mir der Butler, »’eben Sie sie maintenant auf! Oder wollön Sie wartön, bis die Eimör sie abfärbt?«

»Beim dampfenden Teufelsdreck!« Natürlich wollte ich das nicht. Ich wollte keine rosa Handschuhe haben.

»Und packön Sie Ihre Rücksack!«, rief Edgar. Er ließ mir kein bisschen Zeit »Los! Los! Machön Sie,

Markü s. Und dann machön Sie Ihre Bäckörrad-Seifönkistön-Flaggschiff parat: und zwar so, 'ören Sie, als führön Sie die Rallye von Paris nach Dakar.«

Ich rannte hinaus in den Flur. Ich hörte, wie Edgar mir nachrief.

»Und keinö Angst, s'il vous plaît! Le Proviant ist in 30 Minüten gepackt.«

Da wirbelte ich noch mal zu ihm herum.

»Und was ist mit Willi?«, fiel es mir siedend heiß ein. »Edgar! Was sollen wir machen, wenn Willi nicht will? Und was werden wir tun, wenn meine Eltern mal auflegen und nicht mehr telefonieren?«

»O-oh! Keinö Angst!«, beruhigte er mich. »Dafür schreibö isch einö Brief.« Er grinste verschmitzt. »Glaubön Sie misch. Das kann isch noch bessör als meinö Mousse au Chocolat phänomenal.«

Bei Nacht und Nebel

Kurz vor zehn lag ich wie immer im Bett. Nur dass ich diesmal keinen Schlafanzug trug. Nein, ich war angezogen. Selbst meine Jacke, meine Torwarthandschuhe und Boots trug ich schon und ich schwitzte wie in der Sauna. Ich hatte die Decke bis über die Nasenspitze gezogen und so starrte ich auf die Uhr an der Wand. Verflucht klebriger Höhlentrollschweißfuß! Doch die ließ sich Zeit. Ich konnte bis tausend zählen, bis sich der Sekundenzeiger erbarmte und um einen Strich weiter Richtung Mitternacht sprang. Es dauerte ewig, ewig und ewig … und dann, um halb zwölf, kamen meine Eltern nach Haus.

»O-oh, bonsoir!«, hörte ich, wie Edgar die beiden begrüßte. »Le Junior ist im Bett und die Kofför für St. Barth sind allö gepackt.«

›Dieser Hund‹, dachte ich, ›zuckt noch nicht einmal mit der Wimper, während mein Herz wie eine wild gewordene Büffelherde durch meine Brust galoppiert.‹

Doch dann kam der Schock.

Meine Eltern beendeten ihre Telefonate. Sie legten fast gleichzeitig auf und dann reichten sie Edgar ihre Mobiltelefone.

»Edgar!«, befahl meine Mutter. »Schalten Sie die Dinger aus und lassen Sie sie ausgeschaltet, bis wir zurückkommen werden.«

»Ab jetzt haben wir Urlaub!«, lachte mein Vater. »Und den werden wir bis zur letzten Sekunde genießen.«

Die Büffelherde in meiner Brust legte noch einen Zahn zu und sie galoppierte in meinen Hals, als meine Eltern die Treppe hochliefen und dann, wie erwartet, in meiner Zimmertür standen.

»Bist du noch wach?«, flüsterte meine Mutter und ich erschrak so, dass ich vergaß, meine Augen zu schließen.

Ich starrte sie an.

»Morgen beginnt für uns alle die schönste Zeit dieses Jahres.« Sie sagte das, wie eine Elfe einen Zauberspruch sagt, der jedes verzweifelte Kind auf der Stelle erlöst. Doch mir lief der Schweiß aus meinen Haaren heraus, als käme ich grad aus der Dusche.

»Hey, Markus! Ist alles in Ordnung?«, fragte mein Vater und meine Mutter kam sofort auf mich zu.

»Du wirst doch nicht krank?«, sagte sie.

Sie war richtig besorgt und sie würde mir gleich den Puls fühlen wollen. Den Puls, der unter der Decke, unter der Jacke und unter den Torwarthandschuhen pochte.

»Nein, nein!«, rief ich und zog die Decke noch höher. »Ich hab nur geträumt. Ja, i-ich h-habe geträumt.« Ich suchte verzweifelt nach einer Lösung. »Ich habe geträumt, dass ich gegen Papa ein Tennismatch spiele. Verflixt, und es stand sieben zu sieben. Im Tiebreak, in sengender Hitze, im fünften und alles entscheidenden Satz.«

»Oho!«, lachte mein Vater. »Dann träum mal schön weiter.«

»Genau!«, lachte ich. »Das tue ich gerne. Ich habe dich nämlich gerade gebreakt.«

Ich grinste und drehte mich gegen die Wand.

»Gute Nacht«, gähnte ich und dann hoffte ich nur noch, dass meine Decke nicht von meinen Schuhen gerutscht war.

»Gute Nacht«, gähnte ich noch mal, als nichts passierte.

Erst dann schlichen meine Eltern aus dem Zimmer heraus. »Gute Nacht!«, flüsterten sie. »Und viel Glück im Tiebreak.«

Doch ich konnte erst wieder atmen, als die Tür endlich ins Schloss fiel.

Ich holte tief Luft und ich zählte bis tausend. Sechzigmal fünfzehn Mal tat ich das. Dann, zehn Minuten vor Mitternacht, hörte ich endlich das Kreischen: das Kreischen des Adlers, das nur ein *Wilder Kerl* kennt. Mit ihm hatte mich Jojo schon aus dem Garten gerufen, als ich noch heimlich bei ihm im Tor stand. Doch dieses Mal kam das Zeichen von Edgar. Es hieß, meine Eltern waren im Bett. Ich sprang sofort auf. Ich kletterte auf die Terrasse und lief in den Garten. Dort holten wir mein Fahrrad aus dem Versteck. Es stand fertig bepackt zwischen den Büschen bei der Garage und wir schoben es auf die Straße hinaus.

»Voilà!«, raunte Edgar.

In Nachthemd und Schlafmütze sah er wie ein Sandmännchen aus. Ich schluckte und rieb mir die Augen.

»Edgar, das träume ich doch«, flüsterte ich, doch mein Butler-Pinguin-Mary-Poppins-Sandmännchenfreund schüttelte leider den Kopf.

»Non, c'est la vie!«, flüsterte er und seine Stimme klang dabei so belegt wie ein uralter Highway. »C'est la vie des sauvages.«

Ich nickte. Ich verstand kein Französisch, aber ich wusste trotzdem, was es bedeutet.

»Ich weiß«, seufzte ich. »So ist das Leben. Besonders, wenn man wild sein will.«

Ich stieg auf mein Fahrrad.

»Machön Sie's güt!«, hörte ich Edgar noch leise sagen. Dann fuhr ich mit bleiernen Beinen davon.

Mein Fahrrad war schwer. Es war bis zum Bersten beladen. Proviantttaschen stapelten sich um Jojos Cockpit herum oder sie hingen zusammen mit drei Dutzend Feldflaschen von den Ersatzrädern meines Flaggschiffs herab. Die hatte ich wie drei Wikingerschilde an das Heck und die Seiten der Seifenkiste geschraubt.

Doch trotz des Gewichts lief mein Baby sauber und glatt. Es schnurrte wie eine Katze. Die neuen Reifen griffen auf dem Asphalt und die Kette lief geölt um die Ritzel. Aber am besten gefiel mir der Klang meines Doppel-Turboblaster-Schwungradantriebs. Er sang wie ein Walfisch: genauso kraftvoll und mächtig. Ich hatte ihn komplett zerlegt und wieder zusammengebaut und mit jeder Umdrehung eines Pedals verloren mein Bäckerradseifenkistenflaggschiff und meine Beine ein Kilo ihres Gewichts.

»Alles ist gut!«, rief eine Stimme in mir und »Solange du wild bist!« rief ich die Antwort.

Ich spürte den Nachtwind. Er kühlte den Schweiß, und obwohl ich in diesem Moment in den Finsterwald fuhr, musste ich lachen.

»C'est la vie!«, lachte ich. »Ja, das ist das Leben. Aber nur, wenn man ein *Wilder Kerl* sein will.«

Ja oder nein

Tja. Und damit sind wir wieder bei euch. Was ist? Habt ihr euch endlich entschieden? Werdet ihr uns bei diesem Abenteuer begleiten? Seid ihr wild genug, um bei Nacht und Nebel von zu Haus zu verschwinden? Oder bleibt ihr lieber daheim?

Nun, ihr habt die Wahl. Es gibt ein Ja oder ein Nein. Ihr seid noch keine südbrasilianische Feuerameise, die auf einem Streichholz über den Pazifischen Ozean treibt. Nein, ihr könnt euch entscheiden. Und verflixt! Das konnte ich nicht. Doch wenn ihr zurückbleibt, dann ist euch doch eine Sache absolut klar: Dann ist hiermit und jetzt euer letztes *Wilde Fußballkerle*-Abenteuer für immer zu Ende. Dann werdet ihr keins mehr erleben, denn alle anderen Abenteuer kommen danach und die werden größer und wilder.

Das heißt, falls es danach überhaupt welche gibt. Oder habt ihr vergessen, was mir die Monsterkraken aus dem Höllentor hinterhergebrüllt haben:

»Dieses Abenteuer ist sieben Nummern zu groß für euch. Das werdet ihr nie überleben!«

Und falls wir es überleben, was passiert dann?

Stellt euch mal vor, wir kommen nach Hamm. Wir erreichen die Natternhöhle am 5. August und wir verlieren das Spiel gegen die *Biestigen Biester*?

Verflixt! Ich rede hier nicht von einem Spiel gegen die *Bayern*. Nein, denn gegen die *Bayern* darf man verlieren. Die *Biestigen Biester* fordern einen anderen Titel: Sie fordern den Titel ›Die wildeste Fußballmannschaft der Welt‹.

Ja, und jetzt sagt mir mal bitte: Was passiert dann? Was sind wir dann noch, außer dass wir noch leben? Dann schleichen wir als unsere eigenen Schatten nach Haus. Doch auch dieses Zuhause wird es dann nicht mehr geben. Oder glaubt ihr, dass es dann noch ein *Wilde Kerle*-Land gibt? Glaubt ihr wirklich, dass uns ein Dicker Michi dann noch gehorcht? Oder dass ein Gonzo Gonzales unser Verbündeter bleibt? Nein, das könnt ihr vergessen. Dann ist alles aus und vorbei. Das meine ich ernst und ich übertreibe kein bisschen. Ihr haltet den Beweis dafür nämlich schon in der Hand. Na los, klappt das Buch zu. Schaut auf den Rücken und dann sagt ihr mir bitte, was für eine Zahl ihr dort lest. Na, kommt schon, ich warte. Ich geb euch die Zeit. Was für eine Zahl steht auf dem Rücken des Buches? ...

... Die 13.

Seht ihr, was hab ich gesagt? Und wie viele *Wilde Fußballkerle*-Bücher soll es denn geben?

Genau: dreizehn. Das steht auch auf dem Rücken und das ist doch mehr als nur ein Beweis. Das ist Fakt. Das steht fest. Das hat der heilige Donnerschlagvogel höchstpersönlich in den Schicksalsfelsen geritzt: Nach dem 13. Band ist alles vorbei und dann muss es die *Wilden Fußballkerle* auch nicht mehr geben.

Also, ihr habt die Wahl. Ja oder nein, wild oder nicht wild, das ist die Frage. Aber wenn ihr euch jetzt für das Wild-Sein entscheidet, wenn ihr mit mir in den Finsterwald fahrt, wenn ihr beschließt, mit uns zu kommen, dann will ich nur wissen, dass ihr eins kapiert: Dann gibt's kein Zurück! Dann ist es so, als ob ihr euch beim Skifahren für eine vereiste Piste entscheidet. Da kann man dann auch nicht mehr hoch. Da muss man dann runter. Da geht es einfach nur noch bergab.

Ist euch das klar? Verflixt, und bitte versteht mich nicht falsch! Ich will euch nicht beleidigen oder vergraulen. Ich will auch nicht behaupten, dass ihr nicht wild genug seid. Nein, ganz im Gegenteil: Jeder, der mitkommt, ist herzlichst willkommen. Ich brauch seinen Mut. Wir brauchen ihn alle. Nein, wir brauchen den Mut von jedem von euch! Von jedem, der sich traut und dieses Buch liest, und wenn nur einer zurückbleibt, reicht unser Mut nicht mehr aus.

Also, überlegt es euch gut. Überlegt es euch so gut, wie ich es mir überlegt habe. Und wenn ihr dann mitkommt, dann wisst ihr Bescheid: Dann tragt ihr die Verantwortung. Ihr ganz allein. Dann kann euch keiner mehr helfen. Dann geht es euch allen ganz genauso wie mir.

Durch den Finsterwald und die Steppe bis ans Ende der Welt

Tja, und mir ging es gut. Ich lachte, als ich in den Finsterwald fuhr, und ich lachte noch immer, als ich die alte Ruine entdeckte.

Dort, auf dem eingestürzten Torbogen, hatte Juli Blut und Wasser geschwitzt, als er den Dicken Michi belauschte. Dort hatte er uns an den Mistkerl verraten und von dort wurde er von den *Unbesiegbaren Siegern* verschleppt: hinaus in die Steppe und an den Graffiti-Burgen vorbei bis hinter den Sternschnuppenwall, wo sich das Räubernest des Fetten Vetters befindet. Tja, doch für uns würde die Reise noch weitergehen. Bis nach Hamm in Westfalen und, wenn wir das Spiel gegen die Biester verlören, sogar noch weiter und unwiderruflich bis ans Ende der Welt.

Die Turmuhr schlug zwölf, als ich die Lichtung erreichte. Nebel waberte um die Ruine herum. Die taunassen Steine glänzten im Mondlicht und für einen Augenblick kam es mir vor, als ob das Ding lebt. Als wär es eine Teufelskralle, die gleich zupacken würde und mich in die Hölle zieht.

»Verkokelter Satansbraten!«, zischte ich und holte mir mein Lachen wieder zurück. »Wenn das kein guter Ort ist, um eine Reise zu beginnen, dann spiele ich ab jetzt und sofort freiwillig in der Pampers-Liga von Kleingroßdingharting.«

»Okay!«, nickte Marlon. »Dann kauf dir am besten schon mal 'ne Windel.«

»Es gibt nämlich keine Reise!«, blitzte Vanessa mich an.

»Auf jeden Fall keine nach Hamm in Westfalen! Kreuzkack und Kümmelhuhn!«, schimpfte Juli »Huckleberry« Fort Knox und sein siebenjähriger Bruder Joschka fügte wütend hinzu: »Wir fahren alle ganz brav in die Ferien.«

Ich schaute ihn an. Die siebte Kavallerie hatte sein Raketenrennrad wie eine Honda Gold Wing bepackt. Julis Seitenwagengespann ächzte unter der Last von Koffern, Taschen und Karten und das Wikinger-Strandsegler-Dreirad von Felix sah aus, als wollte er die Welt damit gleich dreimal hintereinander umsegeln. So viele Medikamente hatte er aus der Hausapotheke stibitzt.

Ja, und auch die anderen Räder waren bereit.

Sie strotzten vor Kraft. Die Reifen protzten mit ihrem Profil. Die Ketten und Ritzel rochen nach Fett. Die Turboblaster glänzten im Mondlicht und die Motorradscheinwerfer strahlten wie Sterne, die wir uns eigenhändig mit unserem Mut vom Himmel geholt hatten.

»Wieso?«, fragte ich Jojo und Juli. »Hat euch Billi, der Flugzeugpropellermann, denn nicht geholfen?«

»Oh, doch!«, antwortete der, der mit der Sonne tanzt. »Der schon. Billi hat uns geholfen.«

»Die Geheimversteckplätze sind alle hier drin!« Juli klopfte stolz auf die Karten.

»Und was ist mit Hadschi?«, fragte ich weiter. »Habt ihr die Zelte und Kocher?«

»Ja«, nickte Maxi, »und auch die Waffen.«

»Aber die sind verschweißt und versiegelt.« Deniz, der Lokomotive, war das sehr wichtig. »Die dürfen wir nur im Notfall benutzen.«

»Gut«, nickte ich. »Und Edgar, der Pinguin, hat auch mitgemacht. Sein Proviant reicht für drei bis dreieinhalb Wochen und das hier, das ist ein Geschenk. Das hat er uns mitgegeben, damit wir unsern Sieg feiern.« Ich griff ins Cockpit des Seifenkistenvorbaus und holte ein kleines Fass Malzbier heraus. »Hey! Kann das vielleicht noch jemand verstauen? Sonst wird das für Jojo auf der Hinfahrt zu eng.«

Ich grinste und schaute mich um. Doch meine Freunde konnten meine Freude nicht teilen.

»Kacke verdammte!«, rief Leon und schlug mit der Faust auf den Motorradlenker. »Markus, es gibt keine Hinfahrt! Kapierst du das nicht?«

»Ach ja, und warum?«, konterte ich. »Wir haben doch alles!«

»Bis auf meine Erlaubnis!«

Ich fuhr herum. Die Stimme kam aus dem Schatten der alten Ruine.

»Und Billi, Hadschi und Edgar hätten euch auch nicht geholfen, wenn ihr sie nicht angelogen hättet.«

»Wie bitte?« Ich sprang von meinem Bäckerradseifenkistenflaggschiff und rannte in den Torbogen rein: »Los, Willi!«, rief ich. »Sag das noch mal!«

»Ihr habt gelogen!«, erwiderte Willi, und was mich noch wütender machte: Er saß dabei ganz ruhig und gelassen und selbstgefällig auf einem Stein.

»Sag das noch mal!«, schnaubte ich jetzt, doch Willi schüttelte nur mit dem Kopf.

»Jetzt sei doch nicht kindisch!«, seufzte er müde. »Oder glaubst du, dass Edgar dir auch geholfen hätte, wenn du ihm erzählt hättest, dass ich nichts davon weiß?«

»Aber das hab ich doch gar nicht!«, rief ich. »Ich

hab ihn nicht angelogen. Ich hab ihm die Wahrheit gesagt.«

Ich wollte Willi packen und schütteln, doch irgendetwas hielt mich zurück. Irgendetwas in seinen Augen, und die schauten mich jetzt ganz spöttisch an. Spöttisch und kalt, und davor gruselte mir.

»Ich glaub dir kein Wort!«, sagte Willi, und obwohl er sich keinen Millimeter bewegte, wich ich zwei Schritte von ihm zurück.

»Wieso sagst du das?«, fragte ich ihn und ballte die Fäuste.

»Weil Edgar erwachsen ist«, lächelte er. »Er weiß,

dass ich so was nicht zulassen darf. Das ist zu gefährlich.«

Willi wischte sich den Schweiß von der Stirn.

›Verflixt noch mal‹, dachte ich, ›warum schwitzt der denn so?‹

Und dann machte Willi etwas, was er noch nie getan hatte. Er sah mich herablassend an.

»Los!«, befahl er und er wedelte dabei mit der Hand, als wollte er einen Schwarm lästiger Fliegen vertreiben. »Und jetzt ab mit euch! Los, fahrt nach Hause!«

Doch ich dachte nicht dran. Dafür hatte ich mich nicht mit Rocce geprügelt! Dafür hatte ich nicht all diese Angst gehabt und ihr ins Auge geschaut.

»Nein!«, zischte ich und bohrte die Fingernägel durch die Torwarthandschuhe in meine Handballen hinein. »Willi! Wenn wir hierbleiben, wird es die *Wilden Kerle* ab jetzt nicht mehr geben!«

»So 'n Quatsch!«, lachte Willi und dann sprang er auf. »Worauf wartet ihr noch? Es ist schon nach Mitternacht. Da gehören Kinder in eurem Alter ins Bett!« Er blitzte mich an und er schwitzte so sehr, dass sich der Kragen seines Hemdes verfärbte. »Verfluchte und quer geeierte Streifenhacke! Eure Eltern werden sich derart Sorgen machen, das können sie euch nie mehr verzeihen!«

Jetzt war es still und in dieser Stille konnte ich

hören, wie sich die ersten *Wilden Kerle* ergaben. Raban, der Held, wuchtete sein 12-Zoll-Mountainbike mit dem Traktorhinterradreifen herum. Annika, die Drachenreiterin, ließ den Turboblaster ihres doppelt bereiften Downhillbikes aufheulen und Felix, der Wirbelwind, stellte das Segel seines Wikinger-Strandseglerdreirads mit einem Schlag in den Wind.

Da hob ich die Hand.

»Oh nein!«, rief ich, »das werden sie nicht!«

Und obwohl Willis Augen jetzt Laser abschossen, schaute ich ihm direkt ins Gesicht.

»Nein, Willi, sie werden stolz auf uns sein. Und du wirst das auch!«

Ich griff in die Hosentasche und zog einen Brief aus ihr raus.

»Hier! Den hat Edgar geschrieben und an unsere Eltern verteilt. Sie werden ihn heute Morgen auf dem Frühstückstisch finden.«

Willi zuckte zusammen.

»Los!«, forderte ich. »Lies ihn! Lies ihn laut vor!«

Doch Willi wollte das nicht. Er trat nervös auf der Stelle.

»Was ist?«, hakte ich nach, »wovor hast du Angst?« Ich zog den Brief aus dem Umschlag und hielt ihm diesen hin. »Ich hab Edgar nicht angelogen, Willi! Also, worauf wartest du noch?«

Willi schaute mich an. Er schob den Hut in den Nacken und fuhr sich mit den Fingern durch das schweißnasse Haar. Er wollte was sagen, doch er bekam nichts heraus. Nichts außer: »Verfluchte Hacke, Markus!« Dann nahm er den Brief.

Er entfaltete ihn und begann, ihn zu lesen.

»Mesdames et Messieurs!«, las er. »Ich muss Ihnen etwas ganz, ganz Wichtiges mitteilen: Ihre Kinder werden nicht mit Ihnen in die Ferien fahren. Sie werden es nicht, weil sie es einfach nicht können.«

Willi wurde ganz blass, doch ich ließ nicht locker.

»Lies weiter!«, forderte ich. Und: »Ja, Willi, lies!«, forderten hinter mir Leon und Marlon.

Willi schluckte. Er drehte sich weg. Wir hörten, wie er sich über seinen Fünftagebart strich.

»... weil sie es einfach nicht können«, las er so laut, dass wir es gerade verstanden. »Aber bevor Sie jetzt aufspringen und die Polizei rufen, hören Sie mir bitte noch ein paar Zeilen lang zu.«

Willi schluckte schon wieder, verflixt, und dann kratzte er sich auch noch die Stirn.

»Sakra-Rhinozeros-Pups!«, schimpfte Raban, der Held. »Soll ich dir vielleicht meine Brille ausleihen?«

»Ja, und bitte lies lauter, wenn's irgendwie geht!«

Fabi, der schnellste Rechtsaußen, grinste mich an. »Ich glaube, das, was da drinsteht, interessiert uns hier alle.«

Willi schaute verstohlen zu uns zurück. Dann holte er Luft.

»Ihre Kinder wollen erwachsen werden«, las er Edgars Brief weiter. »Das wissen Sie doch und das wollen Sie auch. Das wollen alle Eltern, darauf könnte ich wetten. Ja, und wenn das so ist, dann frage ich Sie: Wo werden Ihre Kinder besser erwachsen? Auf St. Barth in einem Fünf-Sterne-Hotel? In einer Reihenwohnwagen-Siedlung am Tegernsee oder bei ihrer Oma in der Türkei? Ja, oder vielleicht auf einer Fahrradtour? Einer Fahrradtour, die sie selbstständig organisieren, die sie über 600 Kilometer durch Deutschland führt und an deren Ende sie nicht nur ein Fußballspiel spielen, sondern das wichtigste Match ihres Lebens. Nein, vielleicht wird es sogar ihr letztes Match sein. Denn wenn sie dieses Spiel in einer Woche verlieren, gibt es die *Wilden Kerle* nicht mehr. Doch das ist nicht alles. Hören Sie mir bitte ganz genau zu: Falls Ihre Söhne und Töchter nicht antreten werden, war alles, was bisher passiert ist, nichts als ein Fake, ein Schwindel, ein aufgeblasenes Kasperltheater. Dann hat es die *Wilden Fußballkerle* niemals gegeben.«

Willi stand regungslos da, mit dem Rücken zu uns, und trotzdem konnten wir spüren, wie er mit sich kämpfte. Zwei Willis kämpften in ihm und einer von den beiden wollte den Brief auf der Stelle zerreißen. Das war der Kerl, der so schwitzte. Doch der andere Willi wollte das nicht. Und dieser Willi war der, den wir kannten. Das war Willi, der beste Trainer der Welt. Und der zwang den andern jetzt weiterzulesen:

»Ich hoffe, Sie haben das alles verstanden. Und ich hoffe, Sie haben Verständnis dafür, dass ich Ihnen nicht sagen darf, wo das Spiel stattfinden wird. Ich kann Sie nur bitten, dass Sie Ihren Kindern vertrauen. Ihren Kindern und uns. Denn Hadschi ben Hadschi ben Hadschi ben Hadschi, das Geheimerfinder-Obsthändlerphantom, hat persönlich dafür gesorgt, dass Ihre Kinder wetterfest schlafen. Billi, der Flugzeugpropeller-Ringelsocken-Klapperschlangenmann trägt die Verantwortung dafür, dass sie das an den sichersten Orten tun, die es in ganz Deutschland gibt, und ich, Edgar, der Pinguin, habe alle Reiseproviantsäcke selber gepackt. Ja, und damit Sie ganz beruhigt sind, wird derjenige Ihre Kinder begleiten, der sie von uns allen wohl am besten versteht: Willi vom Teufelstopf, der beste Trainer der Welt.«

Jetzt war es still. So still wie eine-Münze-steht-auf-der-Kante-kurz-bevor-sie-dann-kippt. Wir waren bis zum Zerreißen gespannt. Unsere Augen hingen an Willi. Nein, an den beiden Willis, und die starrten jetzt stumm in den Wald. Sie starrten in die schwarzen Schatten zwischen den Bäumen. Sie wischten sich den Schweiß von der Stirn. Sie kratzten sich am Bart, dass die Funken stoben, und dann hatte einer der beiden den andern besiegt.

»Verfluchte Hacke!«, zischte Willi und wirbelte zu uns herum. »Worauf wartet ihr noch? Es ist schon nach Mitternacht und in vier Stunden wird es bereits wieder hell.«

Seine Augen leuchteten wie funkelnde Sterne.

»Jojo und Juli!«, rief er. »Was ist? Was hat Billi gesagt? Gibt es ein Geheimversteck, das wir bis dahin erreichen können, oder müssen wir bis morgen Abend hier im Finsterwald bleiben?«

»Wie bitte? Was?«, fragte Juli verdattert. »Willi, j-ja natürlich, a-aber was meinst du damit?«

»Ich meine, dass ich am fünften August in Hamm sein will!« Seine Augen sprühten jetzt Feuer. »Und ich erwarte, verfluchte Hacke, von euch, dass ich dort nicht alleine erscheine!«

Willi ballte die Fäuste. Aber dann huschte ein

Lächeln unter seiner Hutkrempe hervor und dieses Lächeln kannten wir gut. Es gehörte dem Trainer der *Wilden Fußballkerle e. W.* und das war der beste Trainer der Welt.

»Was ist?«, lächelte er. »Ich dachte, wir haben genug geredet!«

Er ging zu seinem Moped und kickte es an.

»Auf nach Hamm!«, rief er und sprang in den Sattel. »Auf in die Natternhöhle!«

Dann gab er Gas. Der Motor spuckte. Der Auspuff furzte. Das Moped bockte und bäumte sich auf und dann katapultierte es Willi mit einem ohrenbetäubenden Fehlzündungs-Donnerschlagknall – PAMM! – aus dem Finsterwald in die Steppe.

»Beim dampfenden Teufelsdreck!«, raunte ich.

»Ja! Kacke verdammte!«, zischte Leon. »Da hast du verflixt noch mal recht!«

Er schaute mich an.

»Jetzt wird es ernst!«, nickte er, doch dann musste der Torjäger lachen. »Das wurde aber auch Zeit! Los! Worauf wartet ihr noch?«

Er trat in seine Pedale. Der extrabreite Hinterradreifen drehte auf dem Waldboden durch.

»Auf in die Natternhöhle!«, rief er. Und wir antworteten ihm alle zusammen: »Ja, auf zu den *Biestigen Biestern*!«

Felix, der Wirbelwind, stellte sein Wikingersegel sofort in den Wind. Der Propeller im Heck von Rocces Vierrad-Strandbuggy-Fahrrad begann, sich mit einem tiefen Brummen zu drehen. Jojo sprang in das Cockpit unseres Seifenkistenflaggschiffs. Marlon stellte seine Hightech-Gangschaltung auf Crossbetrieb um und dann zog Annika, die Drachenreiterin, als Erste die Leine: die Leine ihres doppelten Turboblaster-Schwungradantriebs. Ein vierzehnfaches Sirren erfüllte die Luft und wir brachen aus dem Finsterwald raus. Wir stürzten uns in den Brennnesselgraben. Wir ignorierten die stechenden Schläge der Blätter. Wir sprangen auf der anderen Seite wieder heraus und flogen über die Steppe. Wie ein Schwarm Fledermäuse jagte der wilde Pulk über das Brachland hinweg. Unsere *Wilde Kerle*-Fahnen schlugen wie Krähenflügel im Wind und durch unsere Scheinwerferkegel huschten die Ratten: die R.v.a.G.s, die Ratten von außergewöhnlicher Größe. Sie und die *Unbesiegbaren Sieger* beherrschten das Land, das Land, durch das wir jetzt fuhren. Und in ihrer Festung, den Graffiti-Burgen, regierte ihr König: der Dicke Michi, der fieseste Junge diesseits des Sternschnuppenwalls.

Und genau der, doch davon ahnten wir nichts, stand jetzt auf einem der Türme.

Er schüttete eine Tüte Gummibärchen auf ex in sich rein und rülpste zufrieden.

»Was hab ich gesagt?«, grunzte der Fettsack, den wir schon so oft besiegt hatten. »Die Wilden Zwerge verlassen das sinkende Schiff.«

»Ach ja? Wieso sinkend?«, quietschte eine Baby-Roboterstimme. »Wieso kaperst du das Schiff nicht einfach, wenn die Crew weg ist?«

Der Dicke Michi horchte auf und drehte sich um.

»Was meinst du damit?«, fragte er die Qualle, die hinter ihm saß.

Oder lag sie vielleicht? Nun, das konnte man nicht genau sagen. Der Kerl, der sich hinter ihm in den Rollstuhl quetschte, war dreimal so fett wie er selbst.

»Was meinst du damit?«, fragte der Dicke Michi noch mal und der Fette Vetter, sein fetter Cousin aus dem Räubernest, lachte ein Lachen, das klang wie ein Eimer glitschiger Scherben.

»Ich meine, dass du Kapitän werden solltest.«

Die Augen des Dicken Michi begannen zu leuchten.

»Du holst dir das *Wilde Kerle*-Land. Du schluckst es wie die Tüte Gummibärchen von eben und ...«

»Und was dann?«, grinste der Dicke Michi, als würde er gleich erfahren, was er zu Weihnachten kriegt.

»Und dann ...«, gluckste die Baby-Roboter-Monsterqualle, »und dann bekommst du das, was dir am meisten Spaß macht.«

Der Dicke Michi strahlte ihn an.

»Oh, das ist gut!«, freute er sich. »Das gefällt mir, Fetter Vetter, und weißt du, warum?«

Er drehte sich um. Er trat an den Rand des Mietskasernendaches. Er schaltete seine Laseraugen auf dreifache Stärke und nahm uns damit ins Visier.

»Nun!«, grinste er und dabei wurde seine pechschwarze Seele noch schwärzer. »Das, was mir am meisten Spaß macht, ist Rache.«

Doch davon ahnten wir nichts. Wir jagten über die Steppe. Wir rasten an den drei Mietskasernen, den Graffiti-Burgen, vorbei, und ließen sie hinter uns liegen.

»Alles ist gut!«, riefen Leon und Fabi.

»Ja! Aber nur wenn du wild bist!«, antworteten wir.

»So wild wie Billy the Kid!«, lachte Juli.

Und dann sprangen wir über den Sternschnuppenwall.

Über fünf Meter flog unser voll bepacktes Bäckerradseifenkistenflaggschiff dabei durch die Luft. Jojo und ich lachten und jauchzten. Es kam uns alles wie Zeitlupe vor. Wir schwebten über dem Boden. Ja, und der wilde Pulk schwebte um uns herum.

»Beim fliegenden Orientteppich!«, strahlte Deniz, der Türke.

Dann setzten wir auf. Die Achsen der Räder ächzten und stöhnten. Unsere Hintern prallten auf die Sättel zurück. Die Federbeine rammten sich in die Gabeln und meine Handgelenke drohten zu bersten, als ich das Seifenkistenflaggschiff in letzter Sekunde unter Kontrolle bekam.

»Schlotterbein und Tarzanschrei!«, fluchte Maxi »Tippkick«.

Doch der Mann mit dem härtesten Bums auf der Welt meinte damit nicht unsere Landung. Nein, er meinte die Hügel, die sich vor uns erhoben, und die waren so dunkel und düster, dass die Graffiti-Burgen in unserem Rücken wie ein Märchenschloss von Walt Disney aussahen.

»Hottentottenalbtraumnacht!«, zischte Raban, der Held.

Er riss sein Zwölf-Zoll-Mountainbike auf dem Traktorhinterradreifen herum und brachte es neben Joschka zum Stand. Der starrte zum Horizont, den die Hügel versperrten, und dann nahm er, der Kleinste von uns, sein Herz in die Hand. Er stellte die Frage, die wir uns alle stellten, und ich wette, selbst Willi dachte daran.

»Markus?«, flüsterte Joschka, »Markus, kannst du mich hören?«

Ich wollte was sagen, doch ich konnte es nicht. Ich starrte wie alle auf die dunklen Hügel, die schwarzen Hügel aus lehmigem Sand. Sie waren kahl, so kahl wie die Wüste, und die wenigen Bäume, die hier und da standen, waren längst tot.

»Markus!«, forderte Joschka. »Markus, ich will es jetzt wissen! Was macht ein Revolverheld, wenn er verliert?«

Ich zuckte zusammen und – eiskalter Teufelsfluch! – ich wollte nur eins: Ich wollte nach Hause. Doch Joschka, die siebte Kavallerie, ließ mich nicht gehen.

»Markus!«, rief er. »Was passiert dann?«

Ich holte tief Luft. Ich umkrallte die Motorradgriffe des Lenkers und dann, dann flüsterte ich ganz leise und heiser:

»Nichts. Nichts passiert dann. Wenn ein Revolverheld verliert, ist er tot.«

Tot. Dieses Wort tötete alle Geräusche. Es wurde so still wie am Ende der Welt. Beim kochenden Höllenschlund! Doch das war der Ort, an dem wir uns plötzlich befanden. Die Hügel vor uns waren fremdes Gebiet. Sie gehörten nicht mehr zum *Wilde Kerle*-Land und sie gehörten auch nicht zum Land der Unbesiegbaren Sieger. Nein, in den Hügeln vor uns hauste ein anderer Kerl. Dort hauste der Fette Vetter und das, was danach kam, wussten wir nicht. Denn hier, vor den Hügeln, vor dem Ende der Welt, begann unsere Reise erst wirklich.

»Kacke verdammte!«, zischte Leon, der Slalomdribbler. »Vielleicht ist dieser Mistkerl ja gar nicht zu Hause.«

»Ja, ganz genau!«, misslang Fabi sein unwiderstehliches Lachen. »Vielleicht hat er ja den Dicken Michi besucht.«

Damit traten die beiden in ihre Pedale. Sie fuhren den ersten Hügel hinauf. Wir sahen, wie sie hinter der Kuppe verschwanden, und dann erst, erst dann, trauten wir anderen uns, ihnen zu folgen. Einer nach dem anderen wagten wir uns in die Schwarze Wüste hinein.

Wild und vogelfrei

Die Fahrt verlief wortlos und stumm. Wir verzichteten sogar auf unsere Turboblasterantriebe, damit uns das Sirren der Doppelschwungräder nicht an den Fetten Vetter verriet. Leon schickte Maxi, Deniz und Rocce als Späher voraus, und als die den Lichtschein des Räubernestes entdeckten, wurden wir alle noch vorsichtiger. Ab sofort fuhren wir nicht mehr über die Kuppen der Hügel, nein, wir folgten den Tälern zwischen ihnen hindurch. Das verbarg uns vor den Blicken der Räuber. Doch das war auch mühsam und schwer. Der Lehm verklebte das Profil unserer Räder und mein Bäckerradseifenkistenflaggschiff fuhr sich mindestens ein Dutzend Mal fest. Dazu ging es ständig im Zickzack: rechts, links, links, rechts, rechts und dann dreimal links. Es war zum Verzweifeln und Schwindeligwerden und nur zwei von uns wussten noch, wo wir uns befanden. Das hofften wir wenigstens. Denn Jojo, der mit der Sonne tanzt, saß im Seifenkistencockpit über den

Karten und von dort gab er Juli die Richtungen an. Die Richtungen, denen dieser anhand eines Kompasses folgte. Das riesige Ding schaukelte auf seinem Lenker und die Nadel tanzte wie wild hin und her.

»Bist du dir sicher?«, fragte Willi, der sein Moped hinter ihm schob. »Bist du dir sicher, dass das Ding funktioniert?«

»Und ob ich das bin!«, konterte »Huckleberry« Fort Knox. »Das Ding da hat Hadschi ben Hadschi höchstpersönlich gebaut. Das ist der erste und einzige Geheimverstecksucher-und-finder-Navigationsautomat, den es auf dieser Welt gibt. Damit könntest du selbst den Weihnachtsmann finden, Willi, oder den Yeti, verflixtes Kreuzhuhn, oder das Ungeheuer von diesem Loch Ness.«

Willi runzelte skeptisch die Stirn, doch für die Viererkette war die Sache erledigt.

»Rechts!«, rief Juli. »Und dann zweimal links!« – und uns blieb nichts anderes übrig, als ihm zu folgen.

Stöhnend und schwitzend holperten wir hinter ihm her. Links, rechts und dann wieder links. Der Himmel über uns begann schon zu dämmern und Juli rief immer noch: »Rechts! Links! Und jetzt wieder rechts!«

Schweißtriefende Hexengicht! Ich konnte nicht mehr und das Bäckerradseifenkistenflaggschiff wurde schwerer und schwerer. Der Schweiß brannte in meinen Augen. Meine Knie brannten wie Feuer, und als wir, als die Sonne aufging, noch immer durch dieses Labyrinth irrten, platzte mir die Geduld.

»Beim garstigen Hexenzauber! Juli, das ist doch ein Witz. Dieses Geheimversteckdingsbums gehört auf den Schrott! Wir fahren im Kreis! Wir kommen nie an!«

Da wichen die Hügel plötzlich zurück.

»Ha!«, lachte Juli. »Und was ist das?«

Er war stolz wie ein Pudel. Er stellte sich auf. Er trat in seine Pedale und dann raste er voller Begeisterung um den letzten Hügel herum.

»Guckt euch das an!«, rief er. »Guckt euch das an!«

Und das ließen wir uns kein drittes Mal sagen. Wir vergaßen unsere Erschöpfung. Wir rasten hinter ihm her. Mit der letzten Kraft, die wir hatten, jagten wir aus den Wüstenhügeln hinaus:

»Wir haben's geschafft!«, jubelten wir. »Wir haben's geschafft!«

Doch dann verschlug es uns allen die Sprache. Innerhalb eines Augenaufschlags wurde es Nacht. Es war so, als hätte jemand das Licht ausgeschaltet, und Juli stieg in die Bremsen. Willi rammte sein Moped in das Seitenwagengespann. Jojo und ich prallten auf ihn. Raban überrollte Felix' Wikingerstrandseglerdreirad. Leon fuhr Fabi und Marlon über den Haufen und als Letztes bohrte sich Annikas doppelte Vorderradgabel in den Propeller von Rocces Vierradbuggy hinein.

»Beim Santa Panther und Jaguar!«, zischte der Zauberer.

Er ertastete sein Amulett mit den Fledermausflügeln. Doch das half ihm nicht viel. Er konnte nichts sehen und Vanessa erging es nicht besser. Die Unerschrockene kämpfte mit dem schwarzen Wikingersegel, und als sie sich endlich aus ihm befreite, war sie genauso blind wie zuvor.

»Juli! Was ist das?«, schimpfte Raban, der Held.

Er versuchte, das Schwarz von seiner Coca-Cola-Glas-Brille zu putzen, und Joschka, die siebte Kavallerie, lugte so ängstlich wie eine Babyschildkröte aus seinem Halstuch hervor.

»Jojo, wo sind wir?«, flüsterte er.

»Oh, ähm, ich weiß nicht!«, stammelte Jojo. »Ich glaube, ich denke, wir sind ...«

»... im Wald.« Leon schaltete seinen Motorradscheinwerfer ein und schwenkte ihn um uns herum. »Ich meine ... wenn man so was wie das hier ... Wald nennen darf.«

Der Slalomdribbler würgte und schluckte. Er sah aus wie ein Straußenvogel, der einen Kürbis verschlingt. So groß war der Kloß, der in seinem Hals steckte.

»Heiliger Muckefuck!«, raunte Fabi und pfiff durch die Zähne. »Vielleicht sollten wir den Fetten Vetter fragen, ob wir bei ihm schlafen dürfen?«

Er schaute sich um. Um uns herum standen riesige Fichten. Ihre mächtigen Stämme umzingelten uns. Ihre Rinde war zerfurcht wie die Haut uralter Wale, und Pilze und Moos überwucherten sie. Sie klebten wie Monsterfratzen an den Bäumen. Die schliefen und warteten dort schon seit ewiger Zeit. Doch jetzt erweckte das Licht unserer Motorradlampen die Monster zum Leben. Sie sprangen und wirbelten um uns herum. Sie griffen mit ihren Armen und Krallen nach unseren Köpfen und die waren so zahlreich, dass man keinen Himmel mehr sah. Deshalb herrschte hier Nacht, obwohl die Sonne erst aufging. Beim dampfenden Teufelsdreck! Wir waren aus einem Albtraum erwacht und im nächsten gelandet, und der war noch schlimmer als der Albtraum davor.

Fabi pfiff immer noch. Er pfiff jetzt das Lied seines Vaters. Das Lied, das der immer pfiff, wenn er Schiss hatte, und das Fabi dann pfiff, wenn er keinen Haken mehr wusste. »Knock, knock, knocking on heaven's door«, pfiff er jetzt schon seit mehr als dreißig Sekunden und das hieß nichts anderes als Alarmstufe Rot. Das hieß, dass Fabi sein Herz gleich wegwerfen würde, und dann war es nur noch eine Frage der Zeit. Eine Frage von Nanosekundenbruchteilen. Dann würde er seine Beine aus dem Feuer herausholen und weglaufen wollen, so schnell wie der schnellste Rechtsaußen der Welt.

»Ja«, flüsterte er als letzte Vorwarnung. »Das mit dem Fetten Vetter ist keine schlechte Idee. Komm, Leon, vergiss das Geheimversteckfinderdingsbums ...!«

Da hielt ihn Juli »Huckleberry« zurück.

»Halt!«, rief er. »Und Kreuzhuhn und Kümmelkack! Das ist kein Dingsbums, Fabi und Leon! Das ist ein Geheimverstecksucher-und-finder-Navigationsautomat. Und das um uns herum sind auch keine Monster. Das ist ein Wald! Verflixt, seht ihr das nicht?«

Er schaute uns an. Doch wir glaubten ihm nicht. Wir sahen nur Trolle, Nasguls und Orks.

»Los, Jojo!«, befahl Juli. »Gib mir die Koordinaten. Wir müssen den Schissern beweisen, dass die ach so bösen Fichten hier keine Fleischfresser sind.«

Doch Jojo rührte sich nicht. Nur seine Augen flatterten nervös hin und her. Sie sprangen von den Monstern zu Juli und wieder zu den Monstern an den Bäumen zurück.

»Jetzt mach schon!«, rief Juli. »Worauf wartest du noch!« Er schlug sich mit der flachen Hand gegen die Stirn. »Schalte das Ding, das du hier trägst, doch endlich an und gib mir die Koordinaten!«

Jojo fasste sich an den Kopf. Er hatte die Bergsteigerlampe fast schon vergessen. Jetzt aber knipste er die Halogenleuchte an und richtete sie auf die Karte.

»3 X, 4 Y und 7 Z!«, las er vor und dann lagen alle Blicke auf Juli.

Der kramte eine Schreibmaschinentastatur aus dem Seitenwagen hervor. Er steckte das vorsintflutliche Ding an den Kompass. Er tippte die Koordinaten in den Automaten ein und betätigte den Hebel zum Verstellen der Zeilen.

Eine Klingel ertönte. Es ratterte und klickte. Der Geheimversteckfinder sprang auf dem Lenkrad herum. Die Nadel schlug aus, sie drehte sich wie ein verrückter Propeller. Sie sirrte und ächzte und kreischte und dann blieb sie stehen.

Juli strahlte über das ganze Gesicht.

»Kreuzkackendes Kümmelhuhn!« zischte er, doch dann folgten seine Augen der Spitze der Nadel und die zeigte noch tiefer in den Monsterwald hinein.

»Hey, die fressen kein Fleisch!«, revanchierte

sich Fabi. »Das sind doch nur Fichten. Los, mach schon, geh rein!«

»Das werde ich auch!«, konterte Juli, aber das war leichter gesagt als getan.

Die Monsterfratzen lauerten überall an den Bäumen und Julis Beine gehorchten ihm nicht.

»Los, Juli, lass uns verschwinden!«, sagte Vanessa und die Unerschrockene meinte es ernst.

»Verschwinden und dann?«, motzte die Viererkette. »Ich dachte, wir wollen nach Hamm in Westfalen. Und nach Hamm in Westfalen geht es nun mal da durch!«

Juli zerrte den Seitenwagen von Willis Vorderrad los. Er sprang in den Sattel. Er folgte der Nadel. Er fuhr so tief in diesen gruseligen Wald, dass ihn unsere Scheinwerferkegel nicht mehr erreichten. Er verschwand in der Nacht dieser Fratzengesichter und er fuhr immer weiter. Er fuhr so weit, bis wir ihn nicht mehr hörten, und dann war es für ein paar Herzschläge still. Doch diese Herzschläge dauerten Stunden.

Ich suchte nach Leon. Was sollten wir tun? Da meldete sich Juli vergnügt aus dem Nichts.

»Hey! Hört ihr mich?«, rief er. »Ich hab es gefunden! Und Fabi, du kannst dich ruhig trauen. Die Bäume fressen mich nicht.«

Der schnellste Rechtsaußen wurde knallrot.

»Beim heiligen Muckefuck!«, zischte er. Dann raste er los.

Er jagte an der Spitze des Pulks in den Wald und sein Scheinwerferkegel fand Juli als Erster. Die Viererkette stand vor drei uralten Fichten. Das mussten die größten Bäume in diesem Wald sein. Er hielt den Geheim-Eingangsplan in der Hand und dann begann er zu tanzen. Ja, das könnt ihr mir glauben. Das ist echt wahr. So stand es auf dem Plan, den ihm Billi gegeben hatte, und deshalb tanzte Juli jetzt einen astreinen Walzer. Drei Takte nach Osten und vier nach Nordwest. Dann zwei Takte Foxtrott nach Süden und fünf Schritte Charleston nach West-West-Südwest. Das war echt komisch und Fabi freute sich diebisch.

»Hey, Joschka!«, rief er. »Was hältst du davon, wenn wir deinen Bruder umtaufen. Ich denk da an so was wie Juli »Rumpelstilzchen« Foxtrott!«

Der schnellste Rechtsaußen prustete los und sein Lachen steckte uns an.

»Ja, Rumpelstilzchen ist gut!«, lachte Joschka, die siebte Kavallerie. »Aber dann sollte mein Brüderchen auch einen neuen Job kriegen.«

»Genau!«, lachte Raban. »Er sollte Cheerleader werden und mit meinen drei rosa Cousinen im Teufelstopf tanzen.«

»Als Juliane »Rumpelstilzchen« Cha-Cha-Uh-Ah!«, prustete Fabi und dann hielt er an.

»Ach, ist das komisch!«, blaffte Juli zurück. »Aber wenn es dir hilft, dass du dir nicht vor Angst ins Hemd pisst, dann mach doch ruhig weiter.« Er lächelte mild. »Na, komm schon, Fabi, ich erlaube es dir.«

Doch dem schnellsten Rechtsaußen fiel das Kinn auf die Brust. Er starrte wie wir auf »Huckleberry« Fort Knox. Der stand genau in der Mitte der Fichten und aus ihren drei Stämmen schälten sich jetzt in unserem Scheinwerferlicht die drei grässlichsten Fratzen dieses Waldes heraus. Heimtückische Hexengalle! Und diese drei Fratzen, die waren echt. Pilze und Moosbewuchs hin oder her. Nur Juli war der Einzige, der sie nicht sah.

»Na, was ist?«, frotzelte er. »Ist euch das Lachen schon wieder vergangen?«

»Juliiiee ...«, flüsterte Joschka. Er wollte ihn warnen, doch sein Bruder lachte ihn aus.

»Nun, da kann ich euch helfen!«, lachte die Viererkette. »Ich bin noch nicht fertig. Es fehlt noch ein Sambaschritt und ein Cha-Cha-Cha-Uh!«

Juli lachte. Er tanzte und machte die Schritte und beim letzten Schritt, bei dem »Uh!« von »Cha-Cha-Cha-Uh!«, trat er mit seiner linken Fußspitze gegen eine der Wurzeln. Die ächzte und knarrte und dann brach sie entzwei. Ein Teil von ihr schnellte nach oben, und als wär das das verabredete Zeichen, schlugen die heimtückischen Baumfratzen zu.

Ein Sirren, Pfeifen und Schnarren erfüllte die Luft. Doch während wir alle erschraken, schaute sich Juli fasziniert um. Er grinste noch immer. Er glaubte noch immer an den Geheimeingangs-Foxtrott-Cha-Cha-Cha-Uh!-Hokuspokus, da begann sich der Boden unter ihm zu bewegen. Juli starrte auf seine Füße. Er starrte zu uns. Er starrte zu den Fratzen, die er erst jetzt entdeckte.

»Kreuzkümmelhuhndings!«, rief er entsetzt und erschrocken.

Da ertönte der Peitschenknall. »SCH-PANG!«, zerriss es die Stille. Der Boden unter Julis Füßen sprang hoch. Die Fichtennadeln wirbelten auf. Wir konnten Juli fast gar nicht mehr sehen. Da packte ihn etwas und riss ihn mit unvorstellbarer Kraft in die Luft.

»Kreuzdings und Huhn und Kümmel ... NEIIIN!«, hörten wir Juli, wie er sich wehrte.

Dann war er weg. Er war spurlos verschwunden und mit ihm verschwand jedes Geräusch. Die Fichtennadeln rieselten lautlos zu Boden und dann sah alles so aus, als wäre gar nichts passiert: als hätte es Juli niemals gegeben.

»Beim terro-touristischen Monster-Pan!«, flüsterte Joschka. »Leon! Wo ist er?«

Doch der Slalomdribbler biss sich nur auf die Lippen.

»Juli! Wo bist du?«, rief Joschka. »Juli! Verflixt!«

Er sprang aus dem Sattel. Er lief durch den Wald. Er suchte verzweifelt nach seinem Bruder.

»Juli! Verflixt! Jetzt sag doch was, Juli!«

Da lachte ihn ein Kuckuck in den Baumwipfeln aus.

»Kuckuck!«, lachte er. »Kuckuck! Oh! Kuckuck! Oh-ha-hah-Kuckuck!«

Er lachte und prustete und Joschka blieb stehen. Die siebte Kavallerie erkannte den Kuckuck. Er holte tief Luft. Er verwandelte seine Verzweiflung in erbarmungslosen Zorn und dann hob er drohend die Fäuste.

»Dafür bring ich dich um!«, zischte er. »Oh, verflixt noch mal, Juli! Dafür bring ich dich um!«

»Und wir helfen ihm alle dabei!«, fauchte Leon wie ein hungriger Tiger. Er fauchte das Richtung Baumwipfel hoch, wo sich, und dafür legte er seine Beine ins Feuer, der Viererketten-Kuckuck vor ihnen verbarg.

»Los! Komm schon. Komm runter!«, rief Joschka. »Komm runter, du Mistkerl, und stirb!«

»Ach, was du nicht sagst!«, lachte die Viererkette. »Dein Angebot klingt ja richtig verlockend. Ich meine, im Vergleich zu früher, weißt du. Erinnerst du dich? Da hast du mir immer nur diese Heiratsanträge gemacht.«

»Komm sofort runter!«, drohte die siebte Kavallerie, doch Juli schüttelte lachend den Kopf.

»Ich denk nicht dran, Brüderchen. Und weißt du, wieso? Ich bin nämlich müde und ich würd jetzt gern schlafen. Tja, und ihr solltet das auch. Ich meine, die nächste Nacht wird sehr lang und ich weiß nicht, ob ihr sie durchhalten werdet, wenn ihr dort unten bleibt, bei diesen Bäumen, und euch den ganzen Tag aus Angst vor den Pilzen die Hosen vollscheißt.«

»Okay!«, raunte Fabi, »Juli, das reicht! Wenn du nicht runterkommst, nun, dann kommen wir halt zu dir.«

Er sprang von seinem Mountainbike mit dem Spezialsprinthinterrad und rannte zu den drei Fichten.

»Hey, bravo!«, rief »Huckleberry« zu ihm herab. »Das ist die erste gute Idee, die du hattest. Aber ich weiß nicht, Fabi, du Wildester unter Tausend, ob das nicht eine Nummer zu groß für dich ist.«

»Wart es doch ab!«, zischte Fabi. »Und zieh dich warm an. Ich komm nämlich nicht alleine, weißt du? Wir kommen alle zu dir hinauf auf den Baum!«

»Worauf du Gift nehmen kannst!«, grinste der Slalomdribbler und sprang aus dem Sattel.

»Ja, Schitte noch mal!«, drohte Vanessa. »Und ich kann es kaum noch erwarten, was für ein Gesicht du dann machst.«

»Da tanzt der Pelikan Samba! Das verspreche ich dir!« Rocce schnalzte vergnügt mit der Zunge.

»Los, kommt schon!«, rief Marlon. »Stopfen wir Juli sein zu großes Maul!«

Und damit stürmten wir los. Wir rannten zu Fabi und den drei Fichten und der schaute triumphierend zu Juli hinauf.

»So!«, lachte er. »Jetzt liegt alles an dir. Jetzt musst du uns nur noch verraten, auf welchem der drei Bäume du dich versteckst.«

»Oh!«, konterte Juli. »Das tue ich gern. Aber ich glaube nicht, dass euch das etwas nutzt.«

Er streckte seinen Kopf aus dem höchsten der Wipfel.

»Hier bin ich! Hier oben!«, rief er, und obwohl er jetzt winkte, brauchten wir einige Zeit, um Juli zu sehen.

»Schlotterbein und Tarzanschrei!«, schluckte Maxi entsetzt.

Das Licht von Jojos Bergsteigerlampe konnte die Viererkette fast nicht erreichen. So hoch war der Baum.

»Das sind 15 Meter!«, triumphierte »Huckleberry« Fort Knox. »Ihr kommt hier nie rauf! Selbst wenn ihr denn Mumm hättet, es zu versuchen. Ihr habt nur eine einzige Chance, aber nur für den Fall, dass ich es euch erstens erlaube und euch zweitens auch zeige, wie es überhaupt geht.«

Fabi rauchte vor Wut.

»Das werden wir sehen!«, spuckte er aus.

Dann sprang er hoch. Er versuchte, an den ersten der Äste zu kommen, doch der war zu hoch. Er kam nicht heran.

»Beim heiligen Muckefuck!«, schimpfte er und trat in den Boden. »Beim heiligen Muckefuck! Leon! Jetzt hilf mir doch. Ich will da hinauf.«

»Ja«, nickte Leon, »das wollen wir alle. Aber wir werden es auf Julis Art und Weise versuchen.«

»Wie bitte? Was?«, schnappte Fabi nach Luft. »Dieser Mistkerl hat sich über uns lustig gemacht!«

»Nein«, antwortete Leon. »Das haben wir. Oder hast du das Juli »Rumpelstilzchen« Foxtrott vergessen? Und das Cha-Cha-Cha-Uh? Fabi, Juli hat sich als Einziger von uns getraut. Er ist in den

Wald gefahren. Er hat sich nicht vor den Monsterbaumfratzen gefürchtet und er hat Walzer getanzt.«

»Genau!«, lachte Juli. »Und das müsst ihr jetzt auch. Hier! Lest euch das durch. Und dann macht ihr das, aber bitte genau so, wie es da steht. Einer nach dem andern, habt ihr gehört? Denn jeder von euch bekommt einen Code.«

Er wickelte den Geheim-Eingangsplan um einen Stein und warf ihn zu uns herab.

»So!«, grinste Juli und er freute sich schadenfroh-Schlitzohren-diebisch. »Jetzt wünsch ich euch allen viel Spaß. Denn jetzt werdet ihr die größte Tanzshow erleben, die es außerhalb von Las Vegas je gab.«

Ja, und damit hatte dieser ausgefuchste Mistkerl verflixt noch mal recht! Das, was jetzt folgte, war nämlich wirklich urkomisch. Oder besser gesagt: Es war peinlich, absolut peinlich, das sage ich euch. Wir bekamen alle einen hochroten Kopf. Mir wurde ganz schlecht, und hätte Annika, die Drachenreiterin, die ja nicht nur Thaiboxerin, sondern auch Balletttänzerin ist, nicht den Anfang gemacht, dann hätte sich keiner getraut. Dann hätten wir alle im Stehen geschlafen. Und das in dem Wald mit den Fratzen. Ätzende Hexenspotze! Und schuld an dem Ganzen war Billi. Der Flugzeugpropeller-Ringelsocken-Klapperschlangenmann hatte sich den Code für den Geheimeingang zu diesem Geheimversteck einfallen lassen. Und der funktionierte nun einmal so:

Es gab eine Karte von der Stelle im Wald, an der wir uns jetzt gerade befanden, und auf dieser Karte gab es für jeden von uns *Wilden Kerlen* inklusive Willi ein Kreuz. Das war der Ausgangspunkt. Von dem ging es im Zickzack nach Osten, Süden, Westen und Norden. So wie auf einem Piratenschatzplan, das kennt ihr doch alle. Aber anstatt der Schritte, die die Piraten benutzten, hatte sich Billi, der Vagabund mit den bernsteingelben Augen, Tanzschritte ausgedacht. Ja, hinterfüchsige Hexengalle! Und diese Tänze mussten wir tanzen. Sonst kamen wir nicht an dem zweiten Punkt an. An der Stelle, an der bei den Piraten der Schatz versteckt liegt. Und bei uns waren das die Mechanismen. Erinnert ihr euch noch an die Wurzel? Ich meine die auf dem Boden. Die, gegen die Juli stieß, als er den letzten Schritt seines »Cha-Cha-Cha-Uhs« tanzte. Die brach nämlich gar nicht. Nein, die war schon gebrochen. Die hatte Billi nur präpariert. Und wenn man dagegenstieß, löste sie den Katapultaufzug aus und der beförderte einen dann schnurstracks hinauf in die Wipfel. Doch der Katapultaufzug funktionierte nur einmal. Jeder von uns musste seinen eigenen finden. Ja, und deshalb kamen wir um diese verflixt hochnotpeinlichen Tänze mit keiner Ausrede herum.

Annika war das gewöhnt. Sie tanzte die Schritte lässig und cool. Sie erschrak erst, als das Netz vom Boden hochschnellte und sie in den Himmel riss. Doch oben dann, in den Wipfeln der Fichten, lachte sie und rief zu uns runter: »Huh! Oh mein Gott! Das ist echt wild. Das müsst ihr sehen. Los, worauf wartet ihr noch?«

Aber das war leichter gesagt als getan. Raban musste den Boogie-Woogie erst lernen und er stellte sich dabei nicht besser an als im ersten Spiel gegen den Dicken Michi. Seine zwei falschen Füße standen ihm ständig im Weg. Er fiel auf die Nase und wir lachten uns tot. Aber auch bei mir lief es nicht besser. Ich tanzte Twist. Und wenn ihr nicht wisst, was das für ein Tanz ist, dann fragt eure Eltern. Frostbeulender Pferdefuß! Nein, fragt eure Opas und Omas. Sagt ihnen, dass sie euch das vormachen sollen, und dann stellt euch vor, wie ich dabei aussah. Oder stellt euch Maxi »Tippkick« Maximilian vor, wie er einen Rock 'n' Roll auf den Waldboden legt. Es war wirklich zu komisch. Es war so komisch, dass wir unsere hochroten Köpfe einfach vergaßen. Der Spaß, den wir hatten, war dafür zu groß. Wir kugelten uns vor Lachen über den Boden und schließlich gelangte jeder ans Ziel. Die Fahrt im Katapultaufzug war wie ein Bungee-Jump rückwärts. Sie fühlte sich an wie ein Achterbahndrop senkrecht hoch in den Himmel und den sahen wir dann auch endlich wieder.

»Huh! Oh mein Gott! Das ist echt wild!«, riefen wir, und wenn ihr dabei gewesen wärt, wüsstet ihr, was ich meine. Dann hättet ihr eine Ahnung davon, was vogelfrei heißt. Beim dampfenden Teufelsdreck! Wir rasten mit den Aufzügen hoch und wir landeten jeder für sich in einem riesigen Nest. Einem Storchennest oder Adlerhorst und die schwankten in den Wipfeln der Fichten. Den höchsten Wipfeln, die es in diesem Wald gab. Von hier aus sah man über das Land. Von Horizont zu Horizont. Es war fast so, als würde man fliegen und die Sonne schien einem warm auf den Bauch.

Nur einer von uns schaffte es nicht. Willi, ja, Willi saß immer noch unten im Wald. Er saß da und grummelte etwas von seinem Knie. Ihr wisst schon, dem Knie, das ihm der Vater vom Dicken Michi ruiniert hatte, als er grad sechzehn war. Und mit diesem Knie könne er heute nicht tanzen. Das brummte und grummelte er jedenfalls. Doch ich weiß nicht, ich kann's nicht erklären, aber ich glaubte ihm einfach kein Wort.

Ich sah nur die Blicke, die er zu uns hochschickte, und die sagten nicht, dass er nicht kann. Die sagten eindeutig: Ich will nicht tanzen. Ich will nicht da hoch.

»Doch warum?«, fragte ich mich. »Wovor hat er Angst? Ich red von der Angst, die er schon im Finsterwald hatte.«

Eiskalter Teufelsfluch! Nein, das gab es doch nicht. Willi war unser Trainer. Er stand hinter uns. Auf ihn konnten wir uns verlassen wie der Tag auf die Nacht. Ja, und deshalb vergaß ich das alles ganz schnell. Willi war erwachsen genug, um sich in einem Wald nicht zu fürchten. Selbst in diesem Wald nicht. Deshalb lachte ich jetzt mit den andern. Wir spannten die Schirme auf, die wir in den Baumnestern fanden. Wir rollten uns in ihren Schatten zusammen. Wir genossen das Schaukeln der Wipfel im Wind und dann schlief ein jeder von uns mit seinem Traum ein.

Ich träumte von dem giftgrünen Ball mit dem augenausbeißerisch-vulkanroten Logo. Ich träumte vom Höllentor. Ich träumte von den Monsterkraken und den Fichtenbaumfratzen, von den brennenden Knien in den Wüstenhügeln und davon, wie Juli urplötzlich vor unseren Augen verschwand. Ja, und ich träumte von Edgar, dem Pinguin, bei uns in der Küche, und jedes Mal, wenn sich mein Traum in einen Albtraum verwandeln wollte, nahm ich einen Schluck von seinem Kakao. Oh-Mann-oh-Mann-oh! Das machte mir Mut. Und dann wusste ich es. Wir hatten's geschafft und wir würden es schaffen, denn schlimmer als heute konnte es einfach nicht werden. Nein, wir waren die wildeste Fußballmannschaft der Welt und wir schaukelten fünfzehn Meter und höher über dem Boden.

Gute und schlechte Nachrichten

Langsam wachte ich auf. Ich blinzelte in das Licht der untergehenden Sonne. Ich reckte und streckte mich. Ich genoss den lauwarmen Wind. Er strich mir sanft über Wangen und Schläfen und er nahm meine letzten Traumfetzen mit. Ich riss meinen Mund auf. Ich gähnte wie das größte Nilpferd der Welt. Ich wollte nicht aufwachen, ich wollte noch schlafen. Da hörte ich dieses Brummen. Es kam von rechts. Dort schliefen Raban und Joschka noch in ihren Nestern. Dann kam es von links und dann von hinten und vorn. Es brummte über und unter mir. Es wurde lauter und lauter und plötzlich brummte es auch bei mir: in meinem Schlafnest, und das Brummen klang hungrig. Es klang so hungrig wie ein hungriger Grizzly, der drei Monate zu spät aus seinem Winterschlaf aufgewacht ist.

»Beim pelzigen Teufelsdrachen!«, rief ich und sprang entsetzt auf. »Hier gibt es Bären, Jungs! Wacht sofort auf!«

»Wo sind sie?«, rief Raban. »Verflixt! Ich kann sie nicht sehen.« Der Junge mit den drei Korkenzieher-Haarhörnern suchte nach seiner Brille. »Pechschwefliges Rübenkraut! Jetzt sag doch was, Markus! Oder hat er dich schon gefressen? Leon, Marlon, Joschka, verflixt!«, fluchte Raban.

Er hatte seine Brille gefunden, doch jetzt suchte er sein Gesicht. So panisch war er.

»Verflixt! Wer von euch lebt denn noch und was macht der Bär? Ist er satt? Sakra-Rhinozeros-Pups! Sagt ihm, dass ich ungenießbar bin, hört ihr! Ja, und dass es ganz ungesund ist, wenn man am Abend viel frisst.«

Raban hatte es endlich geschafft. Er hatte seine Nase und eins seiner Ohren gefunden. Die Coca-Cola-Glas-Brille hing ihm schräg im Gesicht und durch sie schielte er jetzt nach dem Bären. Doch der war nicht da. Stattdessen sah er nur uns. Wir standen alle in unseren Nestern und grinsten ihn an.

»Hey!«, protestierte er, »das war echt komisch. Markus, ich gratuliere dir. Ich lache mich tot.«

Da brummte es unter ihm.

»Hilfe!«, rief Raban. »Der Bär ist bei mir!«

Er sprang entsetzt auf, doch er konnte nichts sehen. Das Nest um ihn herum war absolut leer. Und trotzdem brummte es wieder. Bei ihm und bei allen von uns.

»Hottentottenalbtraumnacht!«, zischte Raban und Joschka, der im Nest neben ihm stand, gab ihm recht.

»Genau!«, raunte er. »Das sind die unsichtbaren Bären aus den Fichtenwaldwipfeln. Raban, hast du von denen noch nie was gehört?« Er hob die Hände wie Klauen. »UAAH!«, brüllte und grinste der Kleinste von uns, doch der Junge mit der Coca-Cola-Glas-Brille verstand keinen Spaß.

»Oh, ist das witzig!«, motzte Raban zurück. »Ich halt es nicht aus.«

»Ja, und ich auch nicht!«, lachte ich jetzt. »Auf jeden Fall nicht mehr sehr lange. Raban, jetzt komm schon. Es tut mir echt leid. Ich hab auch zuerst an einen Bären geglaubt. Doch das Einzige, was hier wie ein Bär herumbrummt, ist unser Hunger.«

Und als hätten unsere Mägen das alles gehört, brummten sie jetzt sogar alle im Chor.

»Rollmops in Sahnetorte!«, zischte Raban, der Held. »Und was für einen Bärenhunger ich hab.« Er blitze mich an. »Markus, wir haben das heute Morgen vergessen. Wir haben vergessen zu essen. Das gibt es doch nicht. Das überlebt doch noch nicht mal der wildeste Kerl. Beim Schokocremetörtchen in Heringsaspik!«

»Igitt! Kotz und Würg!«, ekelte sich die siebte

Kavallerie. »Jetzt mach mal ’nen Punkt. Wenn es hier was zu essen gibt, dann sind das Fischstäbchen-Sandwichs, und zwar mit Nutellaketchup.«

»Uh, bäh!«, spuckte Raban. »Da muss ja selbst eine Mülltonne kotzen.« Er holte tief Luft. »Aber Rhabarbermousse, und das süßsauer auf pürierten Rosenkohlbällchen, das . . .«

Raban holte ein zweites Mal Luft, ja, und ein drittes Mal, und das war eigentlich eher ein Schnüffeln. Immer wieder sog er die Luft durch die Nase ein und dann erhellte sich sein Gesicht.

»Nein, vergesst die Rosenkohlbällchen. Es gibt das beste Gericht auf der Welt. Es gibt Aglio olio, Jungs. Und das mit echten Spaghetti!«

Und damit hatte Raban verflixt noch mal recht. Jetzt rochen wir’s auch. Der Geruch von Knoblauch, frischen Frühlingszwiebeln und kleinen Baby-Eiertomaten kroch in unsere Nasen hinein und in null Komma nix saßen wir in den Netzen. In den Netzen der Katapultaufzüge, und so wie die uns heute Morgen noch in die Wipfel geschossen hatten, schwebten wir in ihnen jetzt wie an Fallschirmen auf die Erde hinab.

Ja, das ist wahr, und bitte fragt mich ja nicht, wie das funktioniert. Dieses Geheimversteck hatte uns Billi verraten und ganz bestimmt hatte auch Hadschi ben Hadschi ben Hadschi ben Hadschi seine Obsthändler-Phantom-Geheimerfinder-Finger dabei mit im Spiel. Ich kann euch nur von den vielen Umlenkrollen erzählen. Über die liefen die Seile, die die Netze mit den Sandsack-Gegengewichten verbanden, und je nachdem, wo sich die Netze befanden, wurden sie entweder sanft heruntergelassen oder nach oben katapultiert.

Doch das interessierte mich jetzt nicht die Bohne. Mich interessierten nur die Gaskocher, die unter uns auf dem Waldboden brannten, und die hatten wir uns ja auch von Hadschi besorgt. Nein, das stimmt so nicht ganz. Mich interessierten nur die Pfannen und Töpfe, die auf diesen Gaskochern standen, und in denen brutzelte jetzt unser Lieblingsgericht.

»Hey, Willi!«, rief Raban. »Wo sind die Chili? Verflixt, ich riech keine Chili und ich mag es gern scharf!«

»Aber ich nicht!«, protestierte Vanessa. »Ich will überhaupt keine Chili.«

»Und ich Will-ha-hili,« bestellte Deniz, die Lokomotive, »ich will-ha-hil extra vie-ha-hil Petersilie!«

Wir sprangen aus den Netzen und rannten zu Willi. Der hatte an alles gedacht. Mann-oh-Mannoh! Der Waldboden war schon gedeckt. Vier Wolldecken lagen um die Campingkocher herum und darauf standen die Teller. Fünfzehn Stück an der Zahl, und Becher mit Apfelsaftschorle und Gabeln und Blumen. Die hatte Willi extra gepflückt und er selber trug eine weiße Kochmütze. Die hatte er sich nur so zum Spaß aus dem Papier von einer Küchenrolle gefaltet.

»Kreuzhuhn und Kümmelkack!«, staunte Juli. »Willi, das hast du super gemacht!«

»Ganz genau!«, lachte Felix. »Denn wir hätten das nicht mehr geschafft.«

»Wir wären in spätestens fünf Minuten verhungert!«, freute sich Maxi, doch Jojo schüttelte energisch den Kopf.

»Nein!«, widersprach er. »Nicht erst in fünf, ich wäre in drei Minuten verhungert.«

»Oder in zwei«, seufzte ich. »Willi, das Loch in meinem Bauch ist so groß wie der Fette Vetter persönlich.«

Wir hockten uns hinter die Teller. Wir nahmen sie in die Hand und ich verwette meine Torwarthandschuhe dafür, dass wir in diesem Moment nicht besser aussahen als vierzehn armselige Zwergpudel, die darum bettelten, von Oma Schrecklich gefüttert zu werden.

»Was ist denn, Willi?«, fragte Joschka verdutzt. »Wir sind am Verhungern, siehst du das nicht?«

»Doch!«, nickte unser Trainer. »Und ich glaub euch sogar. Aber trotzdem müsst ihr euch noch etwas gedulden.«

»Wie bitte? Was?«, fragte Fabi entsetzt. »Was ist mit den Nudeln? Sind die noch nicht fertig?«

»Nein!«, sagte Willi. »Die sind noch gar nicht im Wasser.«

Er sagte das so wie: »Es tut mir leid. Ihr müsst leider sterben!« Und dabei lächelte er uns an. Er schob seinen Hut in den Nacken und musterte uns. »Ja, und ich werde erst anfangen, sie zu kochen, wenn ihr drei Bedingungen erfüllt.«

Unsere Mägen krampften sich augenblicklich auf Erbsengröße zusammen.

»Krumpelkrautrüben!«, stöhnte Marlon. »Dann schieß endlich los!«

»Wir tun alles, was du willst!«, versprach Leon. »Nur beeil dich gefälligst!«

Da lächelte Willi schon wieder.

»Okay«, sagte er. »Ich nehm euch beim Wort. Die erste Bedingung ist die, dass ihr nach dem Essen den Abwasch erledigt. Da hinten, ungefähr 50 Meter von hier, ist eine Quelle.«

»Okay, abgemacht!«, beeilte sich Annika. Und Raban, der Held, fügte ganz schnell hinzu: »Na klar, das machen Annika und Vanessa doch mit Sicherheit gerne.«

Er grinste scheinheilig, bis ihn Vanessas Faust am Kinn traf. Und die Faust von Annika kam sofort hinterher.

»Sag das noch mal!«, drohten die Mädchen im Chor. »Denn dann waschen wir dich mit den Tellern zusammen. Und das überall!«

Raban wurde knallrot. Er beschloss, nie wieder zu grinsen, und Willi nickte ihm für diesen Entschluss zustimmend zu.

»Die zweite Bedingung heißt: Wir wechseln uns ab. Sowohl mit dem Abwasch als auch mit dem Kochen.«

»Südbrasilianische Meerschweinchenpisse!«, fluchte Rocce. »Das find ich echt toll. Besonders, wenn ich mir die Lieblingsgerichte von Raban vorstell.«

»Rhabarbermousse auf Rosenkohlbällchen!«, ekelte sich Vanessa.

»Oder Rollmops in Sahnetorte! Igitt!« Annika verzog das Gesicht, als müsste sie einen Regenwurm essen, und Raban wurde noch kleiner.

»Nun, das werden wir sehen.« Willi kratzte sich besorgt an der Stirn. »Die dritte Bedingung ist auf jeden Fall einfach: Ihr räumt hier auf. Und zwar jetzt und sofort. Ihr bringt dieses Geheimversteck in den Zustand zurück, in dem wir es vorgefunden haben.«

»Aber das dauert ewig!«, protestierte die siebte Kavallerie.

»Ja, vielleicht«, schmunzelte der bester Trainer der Welt. »Vielleicht dauert es aber auch nur acht kurze Minuten. So lange dauert es auf jeden Fall, bis die Nudeln gar sind.«

Willi warf die Spaghetti in die Töpfe hinein.

»Na los!«, grinste er. »Oder ist euch der Appetit jetzt vergangen?«

Beim ätzenden Hexensabber! Unsere Mägen brüllten Protest. Aber es blieb uns nichts anderes übrig. Wir hatten keine andere Wahl. Wir rannten zu den Katapultaufzügen. Wir spannten die Lei-

nen. Wir hakten die Auslösermechanismen in den präparierten Baumwurzeln ein und breiteten die Fangnetze auf dem Waldboden aus. Dann deckten wir alles mit Erde zu, wir beseitigten unsere Spuren und wir waren nach siebeneinhalb Minuten fertig damit, da erwischte es Joschka. Beim dreifach geknoteten Teufelsschwanz!

Der Kerl wollte als Erster an die Spaghetti. Er sprintete los, doch er passte nicht auf. Er blieb an der Baumwurzel hängen, die er grad festgehakt hatte, und schwuppdiwupp befand er sich oben im Wipfel.

»Dreifach gerollte Fußnagelpest!«, schimpfte Raban und sein Magen schimpfte noch lauter. »Wegen dir werde ich jetzt verhungern, Joschka!«

Er war so wütend, dass er gegen einen Baumstumpf trat, doch an den hatte Juli erst ein paar Minuten zuvor die Leine seines Katapultaufzugs gebunden. Der Baumstumpf klickte wie ein Schalter nach vorn und nur eine Nanosekunde später landete Raban in dem Nest neben Joschka.

»Du hippopotamusbullenpropellerschwanzmistiger Hottentottenalbtraumnachtsdösbaddel!«, raufte er seine haarigen Hörner. »Warte nur, bis wir unten sind!«

Da hörte er unser Lachen. Wir lachten, obwohl unsere Bäuche wehtaten.

»Hey, Raban und Joschka!«, lachte Vanessa. »Ich glaube, ihr habt noch ein bisschen zu tun.«

»Aber wir denken an euch«, freute sich Annika und sie freute sich schadenfroh-hinterhältig-gemein. »Wir denken an euch, wenn wir gleich alle diese duftenden und triefenden Aglio olio bis zum Platzen in uns hineinstopfen werden.«

Damit rannten wir los. Die Spaghetti dampften schon auf den Tellern und Willi servierte dazu Petersilie, gebratene Chili und extra Knoblauch nach Wunsch. Das Zetern von Raban und Joschka störte uns dabei nicht im Geringsten. Nein, wir genossen es sogar als Unterhaltungsprogramm. Die beiden kämpften mit den Katapultaufzügen, und je mehr sie fluchten und schimpften, desto besser schmeckte es uns. Mann-oh-Mann-oh! Wir aßen jeder mindestens drei bis vier Teller und Raban und Joschka platzten beim fünften. Den Abwasch erledigten dann doch tatsächlich die Mädchen, aber sie machten das nur, weil sie am cleversten waren. Dieser Lieblingsjob aller Jungs war für sie damit ab heute erledigt und sie freuten sich jetzt schon ganz fies darauf, unsere Gesichter in den nächsten Tagen nach dem Essen zu sehen.

Doch ich hatte keine Zeit, mich darüber zu ärgern. Ich hatte Wichtigeres zu tun. Ich musste herausfinden, was zu Hause los war, und deshalb nahm ich mein Handy, das ich als Einziger von den *Wilden Kerlen* besaß, und schickte das Codewort an Edgar.

»Mary Poppins mit Glatze.«

Die Antwort kam postwendend zurück.

»O-oh! Terro-türistischö Galgönvogöl! Fünfzehn 'übschrauber sind auf die Suchö nach euch. Versteckt euch! Bewegt euch nischt von die Stellö. Ich meldö mich wiedör, wenn die Lüft rein und wenn die Gendarmerie nicht mehr 'inter misch 'er ist.«

»Kacke verdammte!« Leon riss mir das Handy sofort aus der Hand. Er wollt es nicht glauben. Das, was da stand, bedeutete: »Jungs, es ist aus!« Nein, wir konnten uns keine Nacht Pause erlauben. Wir kämen dann niemals rechtzeitig an.

»Krumpelkrautrüben!«, zischte Marlon entsetzt.

Da schickte Edgar eine zweite SMS hinterher. Leon gab mir das Handy.

»Oh! Entschuldigung, Jungs«, las ich vor. »Aber ich war tausendprozentig davon überzeugt, dass ihr nicht darauf reinfallen würdet. Ihr wisst doch, dass ich richtig deutsch schreiben kann.«

»Beim heiligen Muckefuck!«, grinste Fabi erleichtert.

»Wie bitte? Was?«, schimpfte Raban, der Held. »Mir sind die fünf Teller Spaghetti um ein Haar in die Hose ...«

»Ich bitte dich, Raban!«, unterbrach ihn Vanessa. »Erspar uns die Einzelheiten!«

Raban wurde knallrot.

»Oh, ich lache mich tot!«, schimpfte der rothaarige Junge. »Ihr seid heute ja alle so witzig!«

»Genau!«, grinste Annika. »Los, Markus, lies weiter.«

»Es gibt eine gute und zwei schlechte Nachrichten!«, erklärte uns Edgar. »Die gute ist: Zwölf Eltern sind weg. Sie sind wie geplant in den Urlaub gefahren.«

»Beim terro-touristischen Sommernachtstraum!« Joschka, die siebte Kavallerie, strahlte über das ganze Gesicht, doch sein bester Freund Raban blieb weiter stinkig.

»Und was sind die schlechten?«, grummelte er.

»Zwei sind noch da«, las ich die SMS weiter. »Maxis Vater und Rabans Mutter, und die erwarten von mir, dass ich euch bis morgen verrate.«

»Schlotterbein und Tarzanschrei!«, schluckte Maxi »Tippkick« und Raban, der Miesepeter, setzte noch einen drauf.

»Das war's dann wohl, Jungs. Ja, was guckt ihr denn so? Meine Mutter zieht Edgar den Schlüpfer über die Ohren. Und wenn er dann noch nicht spricht, verflixt, dann knotet sie ihm höchstpersönlich eine Schleife nach der anderen in seine Glatze!«

Jetzt war es still. Wir kannten Rabans Mutter alle sehr gut und wir wussten, dass Raban nicht übertrieb. Und wir wussten auch, wer Maxis Vater war und was dem alles einfallen konnte. Da nahm Leon das Telefon und las die SMS weiter.

»Aber macht euch keine Sorgen um mich. Fahrt weiter bei Nacht. Ich melde mich wieder.«

Leon schaute uns an und wir schauten zu Willi. Der kratzte sich an der Stirn. Edgar gehörte zu seiner Gang. Er war einer seiner ältesten Freunde. Edgar war dabei gewesen, als der Vater vom Dicken Michi sein Knie ruinierte. So lange kannten die beiden sich schon und deshalb sollte Willi entscheiden, was wichtiger war: Edgar, der Pinguin, oder das Spiel gegen die *Biestigen Biester*.

»Verfluchte Hacke!« Willi kratzte sich an der Stirn und dabei begann er wieder zu schwitzen.

Er kämpfte mit sich. Etwas in ihm wehrte sich mit allen Kräften. Etwas in ihm sagte ihm, Edgar ist doch verrückt! Wir müssen nach Hause! Aber irgendetwas in ihm war auch der beste Trainer der Welt.

»Verfluchte Hacke!«, schimpfte Willi noch mal und dann sprang er über seinen dunklen Schatten. »Wenn Edgar das sagt, dann sollten wir's tun. Also, los auf die Räder!«

Er humpelte zu seinem Moped und kickte es an.

Der Sommer gehört dem, der am wildesten ist

Yeah! So sollte es sein. So waren wir alle kurz vor Sonnenuntergang in den Baumwipfeln aufgewacht und mit diesem Vorsatz brachen wir jetzt nach dem besten Abendbrotfrühstück der Welt aus dem Fichten- und Fratzenwald auf:

Der Sommer gehört dem, der am wildesten ist! Und die Wildesten aller Wildesten, verflixt, das sind wir!

Ja, beim dampfenden Teufelsdreck! Daran bestand nicht der Hauch eines Zweifels. Das hatte der heilige Donnerschlagvogel höchstpersönlich in den Schicksalsfelsen geritzt. Doch gegen Mitternacht begann der Schicksalsfelsen leider zu bröckeln. Unsere Wildheit sprang auf. Sie bekam Risse und nur ein paar Stunden später, als das erste Zwielicht den Horizont säumte, blätterte sie von uns ab wie Farbe von uralten Fenstern.

Der Grund dafür war die Angst: die Angst und unsere durch unsere Angst gebeutelten Nerven.

Edgars SMS flatterte wie ein Schwarm Fledérkatzen um uns herum. Sie machte uns kirre. Wir rechneten jeden Augenaufschlag damit, entdeckt und dann verhaftet zu werden. Hinter jedem Baum lauerte ein Polizist. Jedes Scheinwerferpaar gehörte zu einer Polizeistreife, die nach uns suchte, und wenn sich irgendwo ein Nachtvogel rührte, hörten wir keinen Flügelschlag mehr, sondern das ohrenbetäubende Rotorengebrüll einer Hubschrauberstaffel.

Das einzig Gute an dieser Angst war die Hast. Wir rasten über die Geheimwege hinweg, als könnten wir fliegen. Unsere extrabreiten Hinterradreifen fraßen sich satt an den Kilometern, die wir hinter uns ließen, und vor lauter Panik spürten unsere Beine die Anstrengung nicht. Doch das war ein Fehler, das sage ich euch, und der sollte sich schon in der nächsten Nacht rächen.

»Verdammich und zugenäht!«, raunte Jojo, der vor mir im Seifenkistenaufsatz die Karten studierte. »Wenn das so weitergeht, sind wir in vier Nächten da.«

»Was meinst du mit da?«, höhnte Raban, der Held, der mit 33 Sachen neben uns fuhr. »Meinst du Hamm oder den Knast von, was weiß ich, Gunzenhausen? Da werden wir nämlich schon heute früh sein!« Er trat in die Pedale und legte noch mal zehn Stundenkilometer drauf. »Auf jeden Fall, wenn wir unseren Vorsprung mit diesem Schneckentempo verspielen!«

Raban überholte Juli und setzte sich an die Spitze des Pulks.

»Los! Macht schon! Beeilt euch!«, rief er, als hätte seine Mutter den FBI, die CIA und den BND auf uns angesetzt.

Doch Juli, die Viererkette, blieb einfach ganz cool. So cool wie der Geheimverstecksucher-und-finder-Navigationsautomat auf dem Lenker seines Seitenwagen-Fahrradgespanns.

»Hey, Raban!«, lachte »Huckleberry« Fort Knox. »Hey, bleib auf dem Teppich! Wir haben heute Nacht schon drei Geheimlager-Schlafplätze übersprungen und den, der jetzt kommt, den müssen wir nehmen.« Raban und er rasten um die nächste Biegung herum. »Ob wir woll'n oder ...«

»... nicht!« Raban stieg in die Bremsen. »Sakra-Rhinozeros-Pups!«

»Es wird nämlich hell«, schluckte Felix, der Wirbelwind, und Rocce, der Zauberer, schlug drei Kreuzzeichen hintereinander.

»Beim Santa Panther im Raubkatzenhimmel, ich hoffe, wir sind da allein!«

»Oder nicht«, flüsterte die siebte Kavallerie. »Ich

weiß nicht, wisst ihr? Mir wär's echt lieber, wir wär'n nicht nur vierzehn, sondern tausend, nein, zweitausend *Wilde Fußballkerle*! Beim terro-touristischen Voodoo-Macht-Haus!«

Joschka sprach aus, was wir alle dachten. Die alte Mühle reckte und streckte sich vor uns aus dem Fluss und dem Wald wie ein modriger Zombie aus seinem Grab.

»Uaaah!«, grinste Fabi. »Hey! Das kennen wir doch!«

Er warf sein Mountainbike mit dem Spezialsprint-Hinterrad auf den Boden und ging auf das Zombiehaus zu. Das war über und über mit Efeu und Wein überwachsen. Feuchtes Moos kroch wie Glibber an seinen Wänden hinauf. Bäume wuchsen aus Nischen und Erkern und aus dem Innern der Mühle streckte eine uralte Eiche ihre Gespensteräste hervor. Sie durchbrachen Fenster und Dach, und wenn der Wind wehte, dann begann sich das alte Gemäuer zu regen, als würde es leben, als erwachte es aus einem Zauberfluchschlaf, um alles und jeden, der sich zu ihm verirrte, mit einem Biss zu verschlingen.

»Noch einmal werd ich nicht der Hasenfuß sein!«, grinste der schnellste Rechtsaußen der

Welt. »Juli! Los, sag schon, was soll ich tun? Muss ich jetzt wieder singen und tanzen?«

»Nee!«, antwortete Juli. »Du musst nur den Hebel bedienen. Den da, siehst du, den da am Fluss.«

»Na klar!«, sagte Fabi. Er hängte sich an den Hebel, der ihn um einen Kopf überragte. »Und dann?«, fragte er. »Was passiert dann?«

Er sah noch, wie sich die Schleuse auftat. Das Wasserrad setzte sich in Bewegung. Es befreite sich aus den Fängen der Algen und dann …

»Beim heiligeeen Muckeeeefuuuuck!«, schrie Fabi entsetzt und stürzte durch die Falltür, die unter ihm aufsprang.

Es ratterte und knatterte. Holz knirschte auf Holz. Metall kreischte auf Stein und Stein auf Metall. Es hörte sich an, als würde Fabi zermahlen.

»Leon!«, schrie er. »Halt das Ding an!«

Der Slalomdribbler stürzte sofort Richtung Hebel. Er stemmte sich gegen den mächtigen Schaft. Die Schleuse begann sich schon wieder zu schließen. Da schrie sein bester Freund:

»Nein! Nein! Nicht anhalten! Auf gar keinen Fall!«

Leon hielt inne. Er schaute uns an. Es knirschte und kreischte. Es hörte sich grauenhaft an!

»Fabi!«, rief Leon. »Bist du in Ordnung? Fabi! Jetzt sag doch was! Fabi, was ist?«

Doch Fabi blieb still. Er schrie noch nicht mal um Hilfe. Wir hörten nur das Knirschen und Kreischen auf Stein. Es drang in unsere Haarspitzen. Es ließ unsere Zehenspitzen erfrieren. Wir waren gelähmt. Wir konnten nichts tun. Da ballte Leon die Fäuste!

»Kacke verdammte!«, fluchte der Slalomdribbler. »Dafür, Fabi, bist du mir irgendwas schuldig.«

Er schlug mit der Faust gegen die Mühlenwand. Er sprang durch die Falltür hindurch. Er verschwand vor unseren Augen im Boden und dann war nur noch die Hölle zu hören.

Das Rattern, Knirschen und Kreischen.

Wir schauten uns an. Nein! Sie schauten mich an. Mich, Markus, den Unbezwingbaren, ihren einzigen Torwart. Alle *Wilden Kerle* schauten mich an. Denn ich hatte sie dazu angestiftet. Ich hatte sie überredet, dass sie nach Hamm fahren sollten, und deshalb trug ich auch alleine die Schuld. Ich trug die Schuld an dem, was Fabi und Leon passiert war, und weil ich das wusste, floh ich nach vorn. Ich tat dasselbe wie Leon. Ich sprang dem Monster direkt ins Maul.

»Beim brodelnden Hexenkessel!«, fluchte ich und sprang aus dem Sattel. »Das hat doch alles Hadschi erfunden. Das ist doch die harmloseste Sache der Welt!«

Ich schenkte meinen Freunden einen letzten, zu allem entschlossenen Blick. So sollte er wenigstens wirken. Er sollte sie überzeugen. Er sollte mich überzeugen. Aber verflixt noch mal! Die anderen glaubten mir kein einziges Wort. Und ich, ich glaubte mir erst recht nicht. Aber ich hatte keine andere Wahl. Ich holte tief Luft und sprang in das Loch, in das dunkle Loch unter der Falltür.

»Glibberiger Hexensabber!«, schrie ich entsetzt.

Dann wurde es schwarz. Ich rauschte durch ein schleimiges Rohr. Ich rutschte hinab in die Tiefe. Ich wirbelte siebenmal um mich herum und dann schoss ich wieder nach oben. Das glitschige Rohr spuckte mich aus. Für einen kurzen Moment sah ich den Himmel. Ich sah ihn durch ein Fenster dieser Zombie-Mühle hindurch und dann fiel ich wieder nach unten. Im freien Fall! Äste und Spinnweben schlugen mir ins Gesicht. Ich fiel und fiel. Mein Magen sprang mir vor Schreck in den Mund. Mir wurde speiübel. Ich war ganz fest davon überzeugt, dass ich gleich irgendwo aufprallen würde. Ich stellte mir vor, wie ich in tausend Stücke zersprang. Da dotzte ich mit dem Po in ein Kissen. Ein Korbrand bohrte sich in meine Kniekehle rein, in meine Achseln und meinen Nacken. Ja, und dann, beim Wasser spuckenden Feuerwehrdrachen, ratterte und knarzte, ruckelte und knirschte und kreischte ich wieder nach oben.

Mir stockte der Atem. Mein Kinn klebte an meinem Bauchnabel fest, meine Nase steckte in meinen Haaren und meine Augen wuchsen über Frisbeegröße hinaus. So staunte ich über das, was ich jetzt nach und nach sah, was ich im Dunkeln der Mühle entdeckte. Beim garstigen Hexenzauber! Ich befand mich im Innern des Zombie-Waldhauses. Ich steckte mit dem Po in einem Wäschekorb fest. Um mich herum kreischten eiserne Ketten. Hölzerne Zahnräder knarzten um verbogene Wellen, und steinerne Pendel sanken knirschend herab. Sie zogen den Korb um die alte Eiche herum. Spiral-ruckelnd-unelegant hievten sie mich in schwindelnde Höhen. Die Seile, an denen ich hing, lösten sich auf und mir blieb nichts anderes übrig, als zu hoffen und beten, dass die Mühle wirklich eine Erfindung von Hadschi war.

Doch wenn das so war, dann hatte Hadschi das hier vor Jahren erfunden. Nein, vor Jahrzehnten, als er noch Lehrling war: ein Geheimerfinder-Lehrling, dem die Hälfte misslang, und dass der Spiral-Ruckel-Wäschekorbaufzug damals funktioniert hatte, würde selbst ein Lügner wie der Dicke Michi niemals behaupten.

Die Kissen, auf denen ich saß, schienen zu leben. Es krabbelte und kroch mir in die Hosen hinein. Die Zahnräder versanken in faustdickem Staub und alles sah aus, als hätte man es noch nie im Leben benutzt, als wäre hier seit Jahrhunderten keine Menschenseele gewesen. Ich fürchtete, jeden Moment in die Tiefe zu fallen! Da kippte der

Korb. Ich flog kopfüber durch einen Trichter. Ich dachte an Max und Moritz und ihr schreckliches Ende: als sie zu Korn zermahlen auf dem Mühlenfußboden lagen. Ich schlug irgendwo auf, und als ich mich traute und die Augen aufmachte, lag ich neben Leon und Fabi in lebendem Stroh.

Doch was um uns herum alles kreuchte und fleuchte, war nichts im Vergleich zu dem, was über uns hing. Dort in den Ästen, die das Mühldach durchbrachen, hingen Trauben aus schwarzen, geflügelten Biestern. Tausende von Fledermäusen streckten ihre Köpfe herab und musterten uns aus ihren glubschigen Augen. Sie musterten jeden von uns, denn nach und nach rutschten alle *Wilden Kerle* durch den Trichter hindurch und starrten auf die spitzzähnig grinsenden Mäuler. Alle, bis auf Willi, unseren Trainer. Der zog es – wie schon im Fichten- und Fratzenkatapultaufzugvogelnesterwald – vor, woanders und alleine zu schlafen. Und das sage ich euch: Ich wünschte mir jetzt, ich wäre genauso clever gewesen wie er.

»Das sind keine Vampire!«, flüsterte ich. »Die sind völlig harmlos. Die tun uns nichts.«

»Ach, was du nicht sagst?«, höhnte Vanessa. »Und warum schwitzt du dann so? Und rührst dich nicht von der Stelle?«

»Weil ich das auch nur aufgeschnappt habe! Was

weiß ich, ob das stimmt!«, konterte ich. »Aber du kannst ja gerne hier liegen bleiben und warten, bis dich die Spinnen und Käfer im Stroh von innen ausgehöhlt haben.«

Ich setzte mich auf. Meine Haarspitzen berührten die Spitzen der Fledermausflügel. Die Biester zuckten zusammen, doch sie flogen nicht weg. Da krabbelte Vanessa eine fette, rot gepunktete Spinne über den Mund und zwängte sich in das linke Nasenloch.

»Iie-bäh!«, schrie sie und sprang entsetzt auf. »Iie-gitt und Iie-bäh!«

Und genauso schrien die Biester. Die Fledermäuse flatterten um sie herum. Sie hüllten sie ein wie eine pechschwarze Wolke.

»Iie-gitt und Iie-bäh!«, schrie die Unerschrockene. »Das gilt auch für euch! Los! Macht 'ne Fliege!«

Sie blitzte sie an, und als könnten die Fledermäuse sie wirklich verstehen, flohen sie durch die Ritzen im Dach.

»Wow!«, staunte ich und sah zu Vanessa.

Die hatte noch immer den Blick, für den man einen Waffenschein braucht.

»Bist du's wirklich?«, fragte ich so vorsichtig, wie es ein Elefant im Porzellanladen konnte. »Vanessa? Oder haben wir dich aus Versehen mit jemandem vertauscht?«

»Wie bitte? Was?«, fauchte die Unerschrockene und stellte ihren Blick von »nur lähmend« auf »todsicher todbringend« um.

»Du weißt ganz genau, was ich meine!«, traute ich mich. Ja, und ich traute mich sogar zu grinsen. »Ich meine, ich kenne nur einen einzigen Menschen, vor dem selbst der Teufel Reißaus nehmen würde.«

»Ach ja?«, zischte Vanessa. »Und wer könnte das sein?«

Rauch stob aus ihren Nüstern und mit ihm floh eine rot gepunktete Spinne vor Schreck aus der Nase.

»Das weiß doch jeder!«, grinste ich frech. »Jungs, hört mal her! Wir haben einen Fehler gemacht! Wir haben Vanessa in München gelassen und aus Versehen Oma Schrecklich mitgenommen.«

Mein Grinsen wurde zum Lachen und ich lachte selbst dann noch, als Vanessas Faust an meinem Kinn explodierte.

»Was hab ich gesagt?«, lachte ich. »Deine Oma wollte doch schon immer Schwergewichtsboxweltmeister werden.«

Vanessa glühte vor Wut. Sie wollte sich auf mich stürzen. Doch jetzt lachten wir alle.

»Verflixt!«, prustete Jojo. »Wir haben Vanessa mit Oma Schrecklich vertauscht!«

»Dem Teufels- und Fledermausschreck!«, hielt sich Rocce den Bauch.

»Jetzt kann uns überhaupt nichts passieren!«, japste Felix, der Wirbelwind. Und Deniz, die Lokomotive, fügte lachend hinzu: »Jetzt bra-hauchen wir noch nicht ma-hal die Waffen von Hadschi!«

»Ja, und die Polizei soll nur kommen!« Raban, der Held, plusterte sich wie ein Maikäfer auf. »Die werden von unserer Oma Schrecklich in weiße Mäuse verwandelt!«

Er fiel vor Lachen ins Stroh. Er vergaß die Spinnen und Käfer. Er lachte und lachte, doch er lachte plötzlich allein.

Den anderen *Wilden Fußballkerlen* war das Lachen vergangen. Sie schauten mich an und selbst Vanessas Wut verkroch sich vor Angst.

»Apropos Polizei«, flüsterte Leon, »was hat Edgar gesimst? Er hat doch gesimst, oder, Markus? Jetzt sag doch schon was!«

Doch ich hatte das Handy längst in der Hand.

»Nein!«, antwortete ich heiser und schüttelte den Kopf. »Keine Nachricht von Edgar!«

Jetzt verstummte selbst Raban. Sein Lachen erstarrte mit offenem Mund.

»Okay!«, schluckte Leon. »Dann müssen wir unsere Räder draußen verstecken. Und wir stellen Wachtposten auf! Jeweils zwei von uns lösen sich im Stundentakt ab.«

Mehr sagte er nicht und wir stellten auch keine weiteren Fragen. Aber die Wachtposten brauchten wir nicht. Zumindest nicht für die ersten vier Stunden. So lange lagen wir wach. Erst dann wurde unsere Angst von Müdigkeit übermannt. Wir fielen in einen unruhigen Schlaf, einen Schlaf, der so unruhig war wie das Stroh, in dem wir uns wälzten. Doch die Spinnen und Käfer waren uns schnurzpiepegal. Genauso wie die Fledermäuse mit ihren glubschigen Augen. Die Biester kehrten wieder zurück und sie brachten uns gespenstische Träume. Sie schüttelten sie aus ihren Flügeln heraus und diese Träume jagten uns bis in den Abend. Selbst als wir schliefen, waren wir auf der Flucht, und als wir bei Einbruch der Dunkelheit endlich erwachten, fühlten wir uns total erschöpft und gerädert.

Ich kramte sofort mein Handy heraus, doch es gab immer noch keine Nachricht von Edgar. Und das sollte sich auch, dreistündiger Hexenfurzfluch, in den nächsten drei Tagen nicht ändern.

Die Angst vor der Polizei und den Hubschraubern wuchs. Sie krallte sich wie ein Giftzwerg in unsere Nacken. Sie nagte an unseren Nerven. Sie fraß unseren Mut und sie ebnete damit den Weg für einen noch schlimmeren Feind: für die Erschöpfung. Kaum hatten wir die alte Mühle wieder verlassen, kroch sie in unsere Körper und Köpfe. Die Hast und die Anstrengung aus den ersten zwei Nächten verlangten ihren Tribut. Jeder von uns kämpfte ab jetzt mit sich selbst: mit seinen brennenden Muskeln, mit seinen um Hilfe schreienden Knien, mit Krämpfen in den Waden und stöhnenden Rücken und mit Blasen und wunden Stellen am Po.

Felix' segelnde Hausapotheke wurde der Mittelpunkt unseres Pulks. Sie wurde wichtiger als das Bäckerrad-Seifenkisten-Fahrrad-Flaggschiff, in dem unser Proviant verstaut war. Nein, es kam sogar schlimmer. Das Essen verlor total an Bedeutung. Unsere Mägen hatten das Brummen vor Erschöpfung verlernt. Wir aßen das, was uns vorgesetzt wurde, und wir schmeckten überhaupt nicht mehr, was es war. Selbst als Raban und Joschka die berühmten *Wilde Kerle*-Würste in der Pfanne schwarz brieten, so schwarz wie unsere nachtschwarzen Fußballtrikots, selbst dann murrten und protestierten wir nicht. Wir kratzten die verbrannte Schicht einfach ab und aßen die kläglichen Reste. Dann rollten wir uns in unsere Schlafsäcke ein und warteten auf den Abend. Das heißt, insgeheim hofften wir, dass er nie kommen würde, denn insgeheim wollte keiner mehr weiter. Wir waren am Ende, unsere Kräfte waren verbraucht und unsere Körper waren geschundener als bei der Jetix-Weltmeisterschaft. Gallengallertige Hexengicht! Könnt ihr euch daran erinnern? Damals hatte Felix einen Knöchel, der als Kürbis durchging, und meine Schulter hing mir fast auf der Hüfte. Wie sollten wir die *Biestigen Biester* in dieser Verfassung besiegen? Nein, wir mussten nicht mehr nach Hamm. Wir hatten jetzt schon verloren und wir wollten alle wieder nach Hause. Doch dort wartete Maxis Vater auf uns, und die Mutter von Raban. Und die hatte Edgar in ihren Klauen. Er lag auf der Folterbank. Wir hörten und sahen ihn schreien, als wären wir da, und deshalb fuhren wir weiter. Weiter und weiter, immer weiter ins Nichts.

Die Welt löste sich auf. Vom dritten Geheimlagerplatz stand nur noch eine halb verfallene Scheune und zum Glück hatten wir Hadschis Zelte dabei. Denn an diesem Tag begann es zu regnen. Es regnete 48 Stunden am Stück. Doch die Zelte schützten uns nur, wenn wir schliefen. Sobald es dunkel wurde, wurden wir nass. Unsere Regenjacken saugten sich voll, als wären es Schwämme. Sie klebten an uns wie aufgeweichte Papierküchentücher und genauso erging es unserem Mut. Und unserer Kraft. Alles löste sich auf. Unsere Wildheit versickerte im schlammigen Boden. Uns gab es nicht mehr. Wir hatten kampflos verloren und so schleppten wir uns jeden Tag durch die Nacht.

Jojo schöpfte das Wasser mit einem Eimer aus seinem Seifenkistenaufsatz heraus und ab und zu rief er uns zu, wo wir waren.

»Die Lichter dahinten sind Würzburg!«

»Wir fahren gerade an Darmstadt vorbei. Das liegt im Süden von Frankfurt!«

»Die Flugzeuge, die über uns fliegen, landen in Mainz.«

»Und das ist der Rhein.«

Doch das interessierte uns vielleicht einen Dreck. Für uns war das nur irgendein Fluss, irgendein Ort oder irgendein Berg, dem noch tausend andere folgten. Sie tauchten aus dem Regen auf und verschwanden in ihm und wir würden uns nie mehr an sie erinnern. Wir hatten sogar vergessen, was unser vierter Lagerplatz war – wenn man den überhaupt so bezeichnen konnte. Und deshalb störte es uns nicht die Bohne, als Juli »Huckleberry« Fort Knox am Morgen des fünften Tages mit beiden Fäusten auf den Geheimversteckssucher-und-finder-Navigationsautomaten auf seinem Lenker einschlug.

»Hühnerkreuzkümmelnde Kümmelkacke!«, fluchte und schimpfte die Viererkette in einer Person. »Jojo! Hier ist nichts! Hier ist kein Geheimversteck! Hier fließt nur dieser kümmelhühnerkreuzkackende Fluss!«

»Das ist der Rhein!«, antwortete der mit der Sonne tanzt. »Das hab ich euch schon vor Stunden gesagt.«

»Und seit genauso vielen Stunden kurven wir hier sinn- und ziellos herum!« Juli schlug so fest auf den Navigationsautomaten, dass es ihn schmerzte. »Autsch! Kreuzhühnerkackende Kümmelsintflut! Dann macht euren Mist doch alleine. Ich beweg mich auf jeden Fall nicht mehr vom Fleck.«

Er stieg von seinem Seitenwagengespann und setzte sich demonstrativ in den Dreck.

»Und die Zelte müssen wir auch nicht aufbauen«, kapitulierte »Huckleberry«, der Streuner. »Ich besitz keinen trockenen Fetzen mehr, den ich anziehen könnte.«

»Juli hat recht!«, seufzte Fabi. »Eigentlich könnten wir gleich im Fluss schlafen.«

Auch der Hakenspezialist streckte die Waffen. Er setzte sich neben Juli auf den schlammigen Boden, und als Leon, der Slalomdribbler, seinem besten Freund folgte, ergaben wir uns alle in unser Schicksal.

Es war aus und vorbei. Die *Wilden Kerle* gab es nicht mehr und das, was von uns übrig war, schwebte im Nichts: in einer grauen Suppe aus Wasser und Nebel, denn an diesem Morgen wurde es nicht hell. Über uns hingen die Wolken. Sie hingen so tief, dass wir die Köpfe einzogen, doch der Regen zog die Wolken noch immer weiter auf uns herab. Die Nebenarme des Rheins schlängelten sich um uns herum. Sie wanden sich kreuz und quer zu einem unentrinnbaren Knoten. Wir steckten in einem Labyrinth aus Wasser und Sumpf und überall dampften Nebelschwaden aus dem Boden heraus: als kämen sie direkt aus der Küche des Teufels und in der wurden heute *Wilde Kerle* gekocht.

Wir hockten neben unseren Rädern und sagten

kein Wort. Wir warteten darauf, dass uns der Nebel verschluckte. Wir beteten, dass wir im Sumpf versanken und dass uns der Fluss dann ins Meer spülen würde. Ins Meer des Vergessens, des Niemals-gewesen-Seins. Dann würde sich niemand an uns erinnern. An uns, die *Wilden Kerle*, die nie wirklich wild waren, und an unsere peinliche Reise.

Ich fühlte mich leer und willenlos, so wie ein lebendiger Toter. Ich fühlte, ich roch und ich schmeckte nichts mehr. Der Regen prasselte auf mich herab wie auf einen grauen, tauben, schmucklosen Stein und wusch mir den letzten Rest Markus aus dem Gesicht. Der Unbezwingbare saß da und starb mit offenen Augen und die anderen *Wilden Kerle* starben mit ihm.

Da löste sich etwas aus meinem Auge. Es floss mit dem Regen an meiner Wange herab. Es streifte meinen Mundwinkel und tropfte zu Boden, doch diese Berührung reichte Gott sei Dank aus. Ich schmeckte das Salz. Das Salz meiner Träne, und für eine endlose Schrecksekunde glaubte ich wirklich, dass das die letzte Träne war, die ich noch besaß. Doch da heulte ich schon. Ich heulte wie ein alter Schlosshund, der seine Ketten zerbiss, weil er sich danach sehnte, was hinter den hohen Schlossmauern lag. Ich heulte, und je mehr ich heulte, desto mehr spürte ich meine Wut.

»Beim dampfenden Teufelsdreck!«, flüsterte ich, aber noch war der Regen lauter. Selbst Jojo, der neben mir saß, hatte meinen Fluch nicht gehört.

Ich ballte die torwartbehandschuhten Fäuste. Ich presste das Wasser aus ihnen heraus.

»Beim qualmenden Höhlentrollschweißmaukenstrumpfband!«, hob ich die Stimme und jetzt schauten mich alle überrascht an: überrascht, aber absolut ohnmächtig, müde.

»Verflixt!«, rief ich. »Ich will das nicht, hört ihr? Ich gebe nicht auf! Wir haben verflixt noch mal eine Chance!«

Ich sprang wütend auf. Blitze schossen vom Himmel und wurden von einem wütenden Donner verfolgt. Die anderen zuckten ängstlich zusammen. Rocce umfasste den Beutel mit dem Fledermausflügel. Er dachte bestimmt, der Donnerschlagvogel würde sich gleich auf ihn stürzen. Doch darin irrte er sich. Das wusste und spürte ich ganz tief in mir drin.

»Kapiert ihr das nicht?«, rief ich. »Wir können den Regen vertreiben. Das haben wir schon mal geschafft.« Ich streckte die Fäuste gegen den Himmel. »Wir müssen nur wütend sein! Wütend wie ...«

Blitze schossen vom Himmel und wurden von Donnerschlägen gejagt.

»Wütend wie, wie ... hexenätzende Teufelsspotze!«, rief ich und lachte ich, so laut ich nur konnte. »Na los! Worauf wartet ihr? Habt ihr das Fluchen verlernt?«

Ich lachte sie an. Doch bevor mir meine Freunde antworten konnten, wurden sie unter einer Donnerlawine begraben.

»Bitte, hör auf!«, flehte Raban, der Held, und Joschka, die siebte Kavallerie, hielt sich die Ohren zu.

»Apollo-kalyptischer Monster-Kuhfladen!«, flüsterte er und er machte sich dabei vor Angst in die Hosen. »Markus ...!«, raunte er und wollte mich warnen, da schlug ein Blitz in einen alten Strommast ein. Er spaltete ihn von oben nach unten und steckte ihn wie ein Streichholz in Brand.

»Markus!«, schrie Joschka und er hatte verflixt noch mal recht. Hier wurde es langsam aber sicher gefährlich. Der Strommast stand nur sieben Meter entfernt.

»Los, Jungs!«, trieb uns Willi zur Eile. »Wir müssen hier weg!« Er sprang auf sein Mofa und kickte es an. »Los, kommt schon!«, rief er, doch wir dachten nicht dran. Ja, und mit wir meine ich in diesem Fall Joschka und mich.

»Markus!«, staunte die siebte Kavallerie. »Schau doch! Der Strommast! Da verschwindet der Nebel!«

»Ja«, lachte ich. »Und weißt du, warum?«

Der kleine Kerl schaute mich ungläubig an.

»Ich weiß nicht«, fragte er, »vielleicht, ähm, vielleicht wegen des apollo-kalyptischen Monster-Kuhfladens?«

»Bingo«, grinste ich. »Du hast es geschnallt! Und wenn wir jetzt alle fluchen, verschwindet er ganz. Er und der Regen. Das verspreche ich euch. Dafür lege ich meine Torwarthandschuhe ins Feuer.«

»Und der Blitz und der Donner?«, fragte Rocce. »Was ist mit denen?«

»Die gehören zu uns. Die helfen uns nur!« Ich lachte und meinte das absolut ernst. »Jetzt macht schon. Na los! Wir haben uns jetzt schon drei Tage versteckt.«

Da holte Rocce, der Zauberer, Luft.

»Beim letzten Finger meines Piranha-Zahnarzts!«, flüsterte der Brasilianer eher, als dass er fluchte.

Doch die Wirkung kam sofort und unmittelbar. Ein Blitz riss die Wolken am Horizont auf und zeigte uns ein Stück blauen Himmel.

»Ober-Ali-Baba-von-Konstantinopel!« Deniz, die Lokomotive, glaubte nicht, was er sah.

Das Stück blauer Himmel wurde größer und größer.

»Ich glaub, ich knutsch gleich einen Waran!« Selbst Raban, der Held, verlor seine Angst. Er wischte sie mit dem Ärmel von der Coca-Cola-Glas-Brille und schaute sich aufmüpfig um. »Und ich knutsch ihn noch mal und seine ganze Familie, wenn dieses Sauwetter nicht endlich aufhört.«

Ja, und nach ihm fluchten Leon und Fabi, Juli und Jojo, Felix und Maxi, Vanessa und ... nein!

Annika fluchte nicht.

Dabei war der halbe Himmel schon blau. Genau über uns stieß er mit den dunklen Wolken zusammen. Vanessa, die Unerschrockene, zischte: »Bevor ich gegen diese *Biestigen Biester* verliere, ziehe ich ein Balletträckchen an!«, und für den Bruchteil einer Sekunde flammte der Anfang eines Regenbogens auf.

Wir hatten fast schon gewonnen. Aus dem Bindfadenregen war ein Nieseln geworden. Es fehlte uns nur noch ein einziger Fluch. Doch Annika streikte. Sie sagte kein Wort.

»Beim heiligen Muckefuck!«, schimpfte Fabi und Raban, der Held, trat vor Zorn in den Boden.

»Jetzt fluch doch schon!«, raufte er sich die Haare. »Sonst kommt der verflixte Regen zurück!«

Doch Annika schüttelte hilflos den Kopf.

»Das kann ich nicht!«, sagte sie. »Das konnt ich noch nie.«

Da böte der Wind sofort wieder auf. Die Wolken setzten sich in Bewegung. Sie warfen einen neuen Schauer auf uns herab.

»Dann musst du's halt lernen!«, zischte ich und schüttelte sie. »Fluch irgendwie! Verflixt, Annika, sonst muss Vanessa ein Ballettröckchen tragen.«

»Und ich, Annika, ich, ich knutsch 'nen Waran!« Raban wurde so feuerrot wie seine Haare.

Annika schluckte. Sie würgte und sie biss sich auf ihre Zunge.

»Es tut mir leid!«, flüsterte sie. »Ich kann nicht! Ich ...!«

Sie wischte sich die Tränen aus dem Gesicht, da schubste sie Rocce einfach zu Boden.

»Doch! Und ob du es kannst!«, widersprach er.

»Du kannst es. Du kannst wütend sein. Du hast es nur noch nie richtig probiert.«

Er hob sie auf und schubste sie wieder. Annika fiel mit dem Gesicht in den Schlamm.

»Los!«, befahl Rocce. »Es ist wie beim Boxen. Nur dass du mit deinen Worten zuschlägst.«

»Aber das kann ich nicht!«, wehrte sie sich. »Ich krieg solche Wörter einfach nicht raus!«

»Was denn für Wörter?«, spottete Rocce.

»Solche wie du sie sagst, oder Raban und Leon!«

»So was wie Meerschweinchenpisse, Kacke verdammte oder Sakra-Rhinozeros-Pups?«

Annika nickte verzweifelt und der Regen wurde zum Sturm.

»Okay!«, zischte Rocce. »Ganz wie du willst.« Er hob sie und warf sie noch mal in den Dreck. »Dann sag's mit den Wörtern, die du sagen kannst!«

Sie blitzte ihn an.

»Los! Sag schon! Oder du gehörst ab heute nicht mehr zu uns!«

Annikas Augen zuckten erschrocken.

»Und zu mir gehörst du dann auch nicht mehr!«, drohte er ihr. »Hast du das jetzt alles kapiert?«

Annika nickte. Tränen quollen ihr aus den Augen und vermischten sich mit dem Regen. Am liebsten wäre sie weggerannt. Doch sie zwang sich zu bleiben. Sie nickte. Sie wischte sich den Schlamm aus ihrem Gesicht und ballte die Fäuste.

»Okay!«, nickte sie und stand langsam auf. »Okay! Wie du willst. Ich sag euch jetzt das schlimmste Wort, das ich kenne. Das schlimmste Wort, das es gibt. Das Wort, das nur für meine schlimmsten Feinde bestimmt ist.«

Sie holte tief Luft. Ihre Brust schwoll vor Stolz. Sie hob ihren Kopf und ihre Augen wurden zu ganz schmalen Schlitzen.

»Aber wehe, ihr lacht!«, warnte sie uns. »Dieses Wort ist nämlich noch tausendmal schlimmer als alle eure Wörter zusammen.«

Jetzt war es still. So still wie vor einem alles entscheidenden Kampf. Die einzigen Geräusche, die wir noch hörten, war der prasselnde Regen und das Heben und Senken von Annikas Brust. Ja, und dann, ja dann, dann schlug die Drachenreiterin zu.

»Kaninchen-Wattebausch-Bommelschwanz-Po!«

Sie sagte das ernst, absolut ernst, doch wir schauten uns alle stirnrunzelnd an.

»Kaninchen-Wattebausch-Bommel-was?«, fragte Joschka und hielt sich schon vorsichtshalber den Bauch.

Er konnte sich kaum noch beherrschen. Genau wie Raban. »Joschka! Hast du das gehört? Kaninchen-Wattebausch-Bommelschwanz...!«, prustete er, da blitzte und donnerte es wie beim jüngsten Gericht.

Ein Regenbogen spannte sich über uns auf und die Wolken verschwanden im Westen. Der Boden saugte den Nebel ein und die letzten drei Regentropfen, die auf Annika fielen, glitzerten wie Diamanten.

»Wow!«, raunte Rocce und Juli staunte nicht schlecht, als er die Scheune entdeckte, die plötzlich hinter uns stand. Der Nebel hatte sie die ganze Zeit vor unseren Augen verborgen.

»Der Geheimlagerplatz!«, rief er begeistert und

warf sich ins Heu. »Und das ist ganz trocken. Kreuzhühner-Q-Tip!«

Er lachte und wir lachten alle mit ihm.

»Beim dampfenden Tempo-Papiertaschentuch!«

»Terro-touristischer Samthandschuh!«

»Dreibeiniger Filzpantoffelheld!«

»Und heiliger Milchkaffee mit Sahnecremehäubchen!«

Wir lachten, wir hingen unsere Sachen zum Trocknen auf und dann krochen wir alle ins Heu. Ich hörte noch, wie Rocce Annika fragte, woher sie ein so mächtiges Schimpfwort hatte. Und ich hörte die Antwort von Annika.

»Als ich vier war«, erzählte sie Rocce, »musste ich auf einen Kinderfasching. Ja, und meine Mutter, die fand Kaninchen so süß. Doch als ich dort ankam, waren alle Jungs und Mädchen als Ritter verkleidet und ich hatte als Einzige diesen Bommel am Po. Diesen Wattebauschbommel, und das war so peinlich ...«

Das hörte ich noch und dann schlief ich ein. Das Klopfen meines Handys hörte ich nicht und das Display signalisierte vergeblich: Neue Mitteilung von Edgar, dem Pinguin.

Hubschrauber-Heißluftballon-und-Trampolin-Salto-Mortale-glückliche Leichtsinnigkeit

Wir schliefen wie auf Kaninchenbommelschwanzwattebauschwolken, und als wir am späten Nachmittag wieder erwachten, jagte ein Hubschrauber über die Scheune hinweg.

»Willi! Verflixt!«, schrie Leon sofort. »Mach, dass du wegkommst! Versteck dich!«

Doch Willi rührte sich nicht von der Stelle. Er hatte wie immer woanders geschlafen und jetzt stand er da, direkt vor der Scheune, und schaute zu dem Hubschrauber rauf. Der flog einen weiten Bogen und kehrte zurück.

»Willi!«, rief Leon und lief auf ihn zu. »Was hast du denn vor? Soll ich dir vielleicht mein Taschentuch leihen? Dann kannst du noch winken!«

Der Slalomdribbler zerrte Willi zur sicheren Scheune, und Willi, der beste Trainer der Welt, wäre ihm auch auf der Stelle gefolgt. Doch der Willi, der heute Nachmittag aufgewacht war, wehrte sich jetzt mit Händen und Füßen. Er wollte, dass der Hubschrauber uns entdeckte, und das würde er auch mit Sicherheit tun. Dazu war kein Taschentuch nötig. Denn ein Junge in Unterhosen, der an einem Kerl in einem Nadelstreifenanzug wie wild herumzerrt, ist ungefähr das Auffälligste, was es auf der ganzen Welt gibt. Vor allem für einen Polizeihubschrauberpiloten, der nach einer ausgebüxten Fußballgang sucht. Verflixt! Wenn ihr mich fragt, gibt es vielleicht nur noch eine einzige Sache, die auffälliger wäre: Und das wäre ein Kaninchen mit einem Wattebauschbommelschwanzpo auf einem Ritterturnier.

Beim dampfenden Teufelsdreck! Jetzt fiel es mir ein. Heute Vormittag hatte Annika Rocce diese Geschichte erzählt, und als ich dann einschlief, hatte ich da nicht noch etwas gehört? Ein Klopfen? Mein Handy? Verflixt, eine SMS, eine Nachricht von Edgar. Ich klappte mein Handy auf und drückte den Knopf:

»Hallo, ihr Wilden. Hab alle Foltern hier überlebt. Maxis Vater düst heute nach Dänemark ab und Rabans Mutter in ihre Alpen. Ihr könnt jetzt bei Tag fahren und versprecht mir nur eins: Schießt diese *Biestigen Biester* nicht auf den Mond. Schießt sie sofort in die Hölle!«

Der Polizeihubschrauber flog jetzt direkt auf uns zu und Willi nahm seinen Hut. Er riss sich von Leon los und wollte schon winken, da stand ich neben dem Trainer. Ich packte den Hut.

»Vergiss es, Willi!«, fuhr ich ihn an. »Das mach ich schon selbst. Los!«, lachte ich. »Winken wir alle! Ich hab eine Nachricht von Edgar bekommen. Wir werden gar nicht gesucht. Wir müssen uns gar nicht verstecken!«

Ich tanzte und sprang auf der Wiese herum und alle *Wilden Fußballkerle* tanzten mit mir. Wir tanzten im Kreis um Willi herum. Wir tanzten die Angst aus unseren Körpern und Seelen und wir winkten so lange zum Helikopter hinauf, bis der einen Looping über uns drehte. Die Rotoren des Hubschraubers brüllten auf und danach brüllten unsere Mägen. Ja, verflixt, ihr habt richtig gehört. Wir hatten wieder Hunger, und zwar einen Riesenhöhlenbärenhunger, und wir wären um ein Haar an diesem Hunger krepiert, hätten uns Felix und Jojo nicht endlich zum Abendbrotfrühstück gerufen. Es gab Reiberdatschi mit Apfelmus und das waren die besten Kartoffelpuffer der Welt. Außen knusprig goldbraun und innen so weiß wie Puderzucker mit Sahne. Wir aßen Berge davon und Felix und Jojo brieten noch einmal Berge davon für uns nach. Erst um halb zwölf wurden wir satt und es war schon nach Mitternacht, als wir endlich aufbrachen. Doch das war uns egal. Wir hatten jetzt Zeit. Wir mussten uns nicht mehr verstecken. Wir konnten jetzt tagsüber fahren und es lagen nur noch zweimal 80 Kilometer vor uns, dann waren wir da. Ja, und dann hatten wir immer noch einen ganzen Tag Zeit, um uns für das Spiel zu erholen. Das Spiel, in dem wir die *Biestigen Biester* in die Hölle katapultierten. So, wie Edgar es wünschte, und genau das ging Annika, der Drachenreiterin, durch den Kopf, als sie am nächsten Abend unseren sechsten Geheimlagerplatz inspizierte.

Irgendwo zwischen Bochum, Essen und Herne führte uns der Geheimversteckssucher-und-finder-Navigationsautomat in eine alte Fabrik und im Vergleich zu den letzten Geheimlagerplätzen schien dieser Ort nicht verfallen zu sein. Beim dampfenden Teufelsdreck! Das hätte uns vorwarnen sollen! Nach all den endlosen Tagen erreichten wir nämlich wieder zivilisiertes Gebiet. Ich meine ein Land, das von einer wilden Gang bewohnt wurde, von den *Biestigen Biestern* genauer gesagt. Doch wir achteten nicht auf die Warnung. Wir fühlten uns einfach zu sicher. Ja, wir fühlten uns fast schon daheim. Die alte Fabrik glich der Fabrik, in der die Drachenreiterin zur Boxschule ging, wie ein Alligator dem andern. Und selbst schwarze Krähen flatterten um das Gebäude herum. Wir genossen den fabelhaften Geheimeingangsmechanismus. Heißluftballons zogen uns in alten Aufzugsschächten nach oben. Von denen sprangen wir auf Trampoline herab. Wir hüpften Saltos schlagend über die Dächer und fielen durch einen offenen Lichthof hindurch. Wir tauchten in meterdicke Schaumstoffmatten hinein, und als wir aus ihnen auftauchten, befanden wir uns in einem riesigen Loft. Von der Decke hingen Hängematten herab. Sie waren so groß wie bei uns zu Hause die Zimmer. In jedem von ihnen befand sich ein Bett und unter den Hängematten-Cocons warteten Kicker, Halfpipes und Rails auf die, die vielleicht sonst noch hier wohnten.

Doch das interessierte Annika nicht. Sie hatte die Nischen an den Wänden entdeckt. Hier ragten im Abstand von fünf bis sechs Metern genauso hohe Mauern in das Loft hinein. Ihre Enden umrahmten ein Feld von der Größe eines Squash-Courts – und das brachte Annika auf die Idee.

»Ich denke, es wird Zeit, dass wir mal wieder trainieren.« Die Drachenreiterin grinste uns herausfordernd an. »Immerhin wollen und müssen wir übermorgen gewinnen und da wäre eine Partie Fußballsquash doch gar nicht so schlecht. Ich meine, als Abwechslung für die 600 Kilometer im Sattel ...«

»Beim flie-ha-hiegenden Orientteppich!«, rief Deniz begeistert. »Da-has ist die erste gute Idee seiheit über sechs Tagen und der Sie-ha-hieger bleibt a-hautomatisch sofort auf dem Feld.« Er schnappte sich einen Ball und lief zu Annika in die Nische. »Dürfen wir den Ball zwei- oder dreimal berühren?«, fragte er sie.

»Wir spielen direkt!«, kam ihre nüchterne Antwort.

»Wie bitte?«, schluckte Deniz. »Da-has ist doch unmöglich!«

Doch Annika ignorierte seine Meinung einfach.

»Und sonst«, erklärte sie spöttisch weiter, »gelten auch alle anderen Regeln so wie beim Squash. Es punktet nur der, der die Angabe hat, und der, der bei fünfzehn dann mindestens zwei Punkte führt, hat gewonnen.«

»Ja«, nickte Deniz. »Da-has geht in Ordnung. A-haber das mit dem Direktspiel ka-hannst du vergessen. Dafür werden die Bälle zu schnell und der Ra-haum ist eng. Viel zu ...«

»Dann lass es halt bleiben!«, fuhr ihn die Drachenreiterin an. Ihr Blick war reine Verachtung.

»Ha! Ich de-ha-henke nicht dran!«, konterte die Lokomotive und schoss den Ball aus der Hand. »Im Gegensatz zu dir wa-heiß ich, was auf dich zukommen wird.«

Das Leder donnerte gegen die Stirnwand. Es prallte auf Annikas Seite zurück. Es sprang auf den Boden, es raste auf die Lücke zwischen Seitenmauer und Annika zu und die hatte überhaupt keinen Platz mehr zum Schießen. Deniz hob schon die Faust. Das war ein Ass. Der erste Punkt ging sofort auf sein Konto. Da drehte Annika ihren Rücken zum Ball. Blitzschnell drehte sie sich, hob die Ferse nach oben und tropfte die Kugel ganz lässig ab. Die torkelte gegen die Seitenwand, zog Deniz, die Lokomotive, hinter sich her, sprang Richtung Stirnwand, sodass Deniz fast schwindelig wurde, als er versuchte, der Pille zu folgen, und dotzte dort wie ein Stein auf den Boden.

»Drei-hei-beiniger Ochsenfrosch!«, schimpfte der Türke und versuchte, die Pille mit einer Seitfallvolleygrätsche über die rechte Schulter und linke Seitenmauer zur Stirnwand zurückzubefördern. Doch sein linker Fuß schlug ins Leere und er knallte stattdessen nur auf den Po.

Annika grinste ihn an: »Ich dachte, du weißt,

was auf dich zukommen wird.« Und bevor Deniz antworten konnte, nahm sie das Leder und schoss es zum zweiten Ballwechsel gegen die Wand.

Die Lokomotive sprang auf, fluchte etwas, das wie »Anatol Zwergpudel« klang, riss das linke Bein in die Höhe, zog mit dem stärkeren, rechten Fuß nach und schickte seine Antwort auf Annikas Angabe mit einem waschechten Fallrückzieher zurück. Der Schuss war perfekt. Das Leder sauste mit Mega-Mörser-Monster-Geschwindigkeit auf die Drachenreiterin zu und die hatte diesmal noch nicht einmal Zeit, ihre Ferse zu heben. Doch das musste sie nicht. Sie flog nämlich schon. Sie flog der Pille entgegen und köpfte sie mit einem Torpedorammbockflugkopfball über die Lokomotive hinweg und so gegen die Stirnwand, dass die Kugel nach dem Aufprall direkt auf seinen Kopf zurückschoss und von da ins Aus sprang.

»Eins zu null!«, kommentierte Annika trocken, doch dann grinste sie so frech, wie sie konnte. »Aber das hast du ja alles ganz bestimmt kommen sehen.«

Deniz, die Lokomotive, wurde knallrot.

»Mutaborischer Groß-Alibaba!«, zischte er wütend. »Rocce, deine Freundin, die ist verhext!«

»Das werden wir sehen!«, lachte der Zauberer, und während wir uns alle hinter dem Fußballsquashfeld als Zuschauer aufstellten, wechselte sich Rocce für Deniz ein.

»Ich hoffe, du hast dein Ballettröckchen dabei«, grinste der Zauberer und zeigte dabei seine schneeweißen Zähne. »Denn das wirst du brauchen. Jetzt wird getanzt.«

»Genau«, lachte Annika, »jetzt tanzen wir Samba. Den magst du doch so gerne, habe ich recht?«

Die Drachenreiterin grinste, sie schickte ihm seine Zähne zurück und dann donnerte sie ihre Angabe gegen die Wand und Rocce dermaßen um seine kupferhäutigen Ohren, dass ihm Hören und Sehen verging.

»Zwei zu null!«, zählte das blonde Mädchen.

Sie warf ihre langen Haare zurück und dann musste der Sohn des brasilianischen Fußballgottes auch noch das Drei und das Vier zu null wehrlos ertragen.

»Schade«, seufzte das Mädchen, »ich glaube, das Tanzen müssen wir für heute vergessen.« Sie drehte sich zu uns Zuschauern um. »Es sei denn, ihr bewegt eure fußballentwöhnten Hintern in die anderen Nischen und macht endlich das, was ich jeden Tag in meiner Boxschule mache: nämlich trainieren.« Sie schenkte Rocce und Deniz einen aufmunternden Blick. »Was ist? Worauf wartet ihr noch? Oder glaubt ihr, dass ich das hier erst heute gelernt hab? Nein, wir spielen jeden Tag Fußballsquash, um unsere Schnelligkeit zu verbessern.«

Die Lokomotive und der Zauberer lächelten deutlich erleichtert, doch das war wieder zu erleichtert, wie Annika fand.

»Und das solltet ihr auch«, schalt sie ihre beiden geschlagenen Gegner. »Ich rede von Schnelligkeit und nicht von der eleganten Langsamkeit brasilianisch-türkischer Schnecken.«

»Hey! Hey! Hey! Einen Moment!«, protestierte Deniz, die Lokomotive, doch Rocce, der Zauberer, legte ihm die Hand auf die Schulter.

»Lass sie nur, Deniz!«, sagte er überraschend

gelassen. »In diesem Fall hat sie ausnahmsweise mal recht.« Er blitzte sie an. »Doch ich denke, wir werden so lange trainieren, bis wir so schnell sind, dass sie uns gar nicht mehr sieht. Und Copa-Caramba, das werden wir, selbst wenn das hundert Jahre oder mehr dauern sollte!«

»Beim flie-ha-hiegenden Orientteppich!«, grinste Deniz, der Türke, als wären die hundert Jahre vorbei.

Dann rannten wir los. Wir holten uns Bälle. Wir stellten uns immer zu zweit in die zahllosen Nischen und dann trainierten Leon und Fabi, Marlon und Maxi, Felix und Juli, Annika und Vanessa, Raban und Joschka, Deniz und Rocce und Jojo und ich, als wären wir nicht die letzten sechs Tage fast sechshundert Kilometer mit dem Fahrrad gefahren, sondern als kämen wir frisch aus dem Urlaub mit unseren Eltern zurück. Wir trainierten bis in den frühen Morgen hinein, und wenn Willi nicht schon wieder woanders geschlafen hätte, dann wäre er, beim dampfenden Teufelsdreck, mächtig stolz auf uns gewesen.

Erst als es hell wurde und die Vögel schon sangen, kletterten wir in die Hängematten-Cocons an der Decke und fielen auf der Stelle in einen ozeantiefen, traumlosen Schlaf. Wie gesagt, uns ging es gut. Nach der SMS von Edgar fühlten wir uns absolut sicher. Wir wussten schon gar nicht mehr, dass wir auch Waffen besaßen, die Waffen von Hadschi ben Hadschi ben Hadschi ben Hadschi, die Deniz niemals benutzen wollte. Und deshalb wussten wir auch nichts von den beiden Gestalten, die schon seit Stunden auf dem Dach hockten. Sie beobachteten uns durch eines der Oberlichter und sie sahen aus wie Piraten. Nein, wie Piratenbräute besser gesagt, und zwar solche von der Sorte, die

ihre Kapitäne über Bord werfen, weil sie noch wilder sind als die. Wilder und hübscher, ähem, doch das spielte in diesem Moment nicht den Hauch einer Rolle.

»Sie haben sich selber in ihre Fallen gelegt!«, grinste die Jüngere der beiden. Sie war vielleicht fünfzehn. »Wir müssen die Cocons nur hochziehen und schließen.« Und als wollte sie die Leichtigkeit ihres Plans unterstreichen, strich sie mit dem Handballen über eine der Skateboardrollen hinweg. »Da kommen sie niemals wieder heraus.«

»Ich weiß!«, nickte die ältere Anführerin.

Doch dann schüttelte sie ihre dunkelbraune Mähne und die flog mit Hunderten Zöpfen um ihre Schultern herum. »Aber sie schlafen und deshalb wär das gemein.«

»Seit wann kümmert uns das?«, grinste die andere frech.

»Seitdem da unten jemand aufgetaucht ist, der die *Biestigen Biester* vielleicht einmal schlägt.«

»Mhm!«, grummelte die Jüngere. »Aber dazu wird es nicht kommen. Das weißt du genau. Wenn wir sie nicht fangen, dann tun es Schieh-Mähn und Bulldog.«

»Die Dumpfbackenbande?« Die Ältere schaute

ihre Freundin stirnrunzelnd an. »Nein, das glaube ich nicht.«

»Und wenn du dich irrst? Das da unten sind Jungen!«

»Nun, dann, liebe Scarlett«, seufzte die mit den hundert Zöpfen. »Dann haben sie es nicht besser verdient.«

Sie sprang auf ihr Skateboard und rollte davon. Scarlett, oder Scarlett, die Böse, wie sie eigentlich hieß, warf noch einen letzten, verächtlichen Blick auf uns, die schlafenden Kerle. Dann fuhr sie ihr nach.

Wir aber schliefen noch bis in den Nachmittag. Erst dann standen wir auf. Wir fanden Willi bei unseren Rädern. Er baute dort unsere Gaskocher auf. Jojo und ich kochten Käsespätzle mit Ketchup und Fabi und Leon wuschen griesgrämig ab. Sie hatten es doch beinah geschafft, für lau durchzukommen. Dann fuhren wir los.

Im Tal der langen Messer

Die letzte Etappe war wie ein Sommersonntagsausflug. Wir rollten dahin. Wir quatschten und sangen. Wir erzählten von unseren Siegen. Wir lachten über unsere Niederlagen, obwohl sie doch alle einmal so schrecklich wehtaten. Aber niemand von uns dachte daran, dass wir auch hier vielleicht eine Niederlage erleiden könnten. Oder was noch viel schlimmer war: dass man uns sogar verraten würde und wir in eine Falle gerieten: in einen heimtückischen Hinterhalt. Daran dachte jetzt keiner von uns. Dafür waren wir viel zu sehr eine Fußballmannschaft und darum ging es doch hier: Es ging darum, ein Fußballspiel zu gewinnen, und deshalb schoben wir alle Vorsicht beiseite.

»Hey! Hier wurde Horst Hrubesch geboren!«, rief Felix, der Wirbelwind, als wir einen Ort namens Wiescherhöfen erreichten.

»Horst wer schon wieder?«, stutzte die siebte Kavallerie.

»Horst Hrubesch, oh Mann!«, seufzte sein Bruder Juli genervt. »Das war ein Nationalmannschafts-Mittelstürmer.«

»Und was für einer das war!«, kam ihm Maxi zu Hilfe. »Schlotterbein, Willi, kannst du das Joschka bitte erklären?«

Wir schauten zu unserem Trainer zurück. Der tuckerte jetzt schon seit Tagen auf seinem Mofa hinter uns her und genauso lange hatte er nicht mehr geredet. Selbst morgens nickte er uns zur Begrüßung nur zu und abends machte er gar nichts. Da verschwand er einfach irgendwo in der Nacht.

»Hey, Willi!«, rief Maxi. »Hast du deine Stimme verloren? Dann sollten wir dir eine Horrorgruselnacht schenken.«

In so einer Nacht, die Marlon organisiert hatte, hatte der Junge mit dem härtesten Bums auf der Welt seine Stimme wiedergefunden. Seine Stimme und den Trippel-M.-S.-GTI-Wild. Aber das ist eine andere Geschichte, und falls ihr sie noch nicht kennt, dann lasst sie euch doch mal von Maxi erzählen. Im Hier und Jetzt sah Willi nämlich nicht danach aus, als ob er sich nach einer Horrorgruselnacht sehnte. Sein Gesicht war so zerknittert wie sein Nadelstreifenanzug und aus seinen drei bis fünf Tage alten Bartstoppeln war ein grauer Vollbart geworden.

»Horst Hrubesch«, sagte er und schaute uns dabei so richtig vorwurfsvoll an, »war der einzige Fußballspieler, der einen noch größeren Dickschädel hatte als ihr.«

»Genau!«, grinste Leon. »Er war noch sturer als ich.«

»Er ging mit dem Kopf durch die Wand!«, nickte Willi.

»Ja«, lachte Leon. »Und das konnte er auch. Sein Kopfball war härter als ein Roberto-Carlos-Freistoß.«

»Beim terro-touristischen Donnerschlag!«, staunte Joschka. »Willi, ist das echt wahr?«

»Mhm«, grummelte unser mürrischer Trainer. »Das weiß ich nicht, Joschka. Ich weiß nur, dass der Schuss, mit dem der giftgrüne Ball der *Biestigen Biester* in Markus' Zimmer eingeschlagen ist, dreimal so stark war wie ein Trippel-M.-S.«

»Oho, ich danke dir!«, motzte Maxi »Tippkick«. »Deine Motivationsarbeit ist wirklich einmalig.«

»Ja, Krumpelkrautrüben!«, spottete Marlon. »An dir ist wirklich ein Therapeut verloren gegangen.«

»Und was für einer! Ich bin ganz begeistert. Darauf sollten wir alle anstoßen, Jungs: Dank Willis Hilfe und Unterstützung haben wir es doch tatsächlich bis nach ...«, Fabi kniff die Augen zusammen und las das nächste Ortsschild vor, »... bis nach Hamm, ähm, ja, nach Hamm-Herringen geschafft.«

Für einen Moment war es still.

Doch dann begriffen wir es alle zusammen.

»Beim heiligen Muckefuck!«

»Wir sind da, Mann-oh-Mann-oh!«

»Schitte! Das ist Hamm in Westfalen!«

»Beim Samba tanzenden Pelikan!«

Wir strahlten uns an. Wir fühlten uns wie eine Karawane, die nach einem wochenlangen Ritt durch die Wüste endlich eine Oase am Horizont fand. Und ohne zu wissen, ob es sich nicht vielleicht nur um eine Fata Morgana handeln könnte, zogen wir die Leinen an unseren Turboblaster-Schwungradantrieben und rasten sirrend und pfeifend quer durch die Stadt. Die Leute auf den Straßen zuckten zusammen, bevor sie uns sahen, und sie trauten sich nicht mehr zu atmen, als der schwarze Pulk mit seinen verrückten Rädern und wilden Piloten wie ein Schwarm Aliens auf sie zuschoss. Doch sobald wir an ihnen vorbei waren, dauerte es keine dreißig Minuten, da wusste jeder in der Stadt, dass wir kamen. Jeder, auch die *Biestigen Biester* und alle, die zu ihnen gehörten oder ihnen irgendwie dienten. Egal wie gefährlich, hintertrieben, gerissen, hinterhältig gemein oder dumpfbäckig dämlich sie auch waren. Und ich sage euch eins: dumpfbackig dämlich ist manchmal das Hinterhältig-Gefährlichste, was es auf der ganzen Welt gibt.

Doch daran dachten wir nicht. Wir waren stolz, absolut stolz und unendlich froh und erleichtert darüber, dass wir die Reise nach Hamm geschafft hatten, und wenn es nach uns gehen sollte, dann konnte und sollte es auch jeder erfahren. Ja, und ganz besonders die *Biestigen Biester*! Sie sollten zittern vor Ehrfurcht und Furcht und sie sollten sich schon darauf vorbereiten, wie man sich fühlt, wenn man nach so einer Dicke-Lippe-Angeber-Großmaul-Herausforderungs-Briefaktion als Verlierer vom Platz schleichen muss.

Wir rasten durch Herringen durch. Wir flogen über eine Brücke und den darunter fließenden Fluss und wir tauchten in die dahinter liegenden Wiesen.

»Der Fluss ist die Lippe!«, rief Jojo und lachte. »Und die Häuser da oben, das, das ist Bockum-Hövel!«

Wir staunten nicht schlecht. Ja, beim dampfenden Teufelsdreck! Da waren wir über sechshundert Kilometer gefahren und dann, nach all den endlosen Strapazen, sah es in Bockum-Hövel genauso aus wie bei uns. Verflixt! Versteht ihr mich nicht? Ich rede von der Wiese, der Wiese am Fluss. Oder könnt ihr euch daran nicht mehr erinnern? Auf genau so einer Wiese hatten wir doch trainiert. Damals, vor Ostern, als es um den Teufelstopf ging und darum, den Dicken Michi und seine *Unbesieg-baren Sieger* aus ihm zu vertreiben. Ja, und das hatten wir dann ja am Ende geschafft. Und deshalb beschlossen wir, auf dieser Wiese zu lagern. Das war ein gutes Omen. Davon waren wir überzeugt. Und morgen konnten wir dann noch den ganzen Tag für das Spiel am Abend trainieren.

Also, wieso sollten wir weiterfahren? Es gab keinen Grund und wir hatten nicht die leiseste Ahnung, dass diese Wiese nicht das war, für das wir sie hielten. Wir wussten nicht, dass sie ein Wolf im Schafspelz war: eine verkleidete Steppe. Ich meine die Steppe mit den R.v.a.G.s. und den dunkel-düsteren Graffiti-Burgen. Nein, das wussten wir nicht, und als uns der Geheimversteckfinder-und-sucher-Navigationsautomat auch noch zu dem ewigen Feuer führte, das, zwischen einer fast kreisrunden Gruppe aus uralten Bäumen versteckt, wie ein natürliches Lagerfeuer auf der Wiese brannte, fühlten wir uns so sicher wie die Indianer in der Prärie, bevor Christoph Columbus überhaupt an Amerika dachte.

Wir schlugen unsere Zelte auf. Wir brieten die fetten *Wilde Kerle*-Würste am Spieß und dieses Mal wurden sie knackig und braun. Wir aßen, bis unsere Bäuche prall und rund waren. Wir tranken die letzten zehn Flaschen Apfelsaftschorle, als wäre es kostbarer Wein.

Wir schauten den Funken zu, die in den Nachthimmel stoben, und freuten uns riesig, wenn ihnen die Sterne als Antwort eine Sternschnuppe schickten.

»Sternschnuppen spuckender Feuerdrache!«, flüsterte Raban dann immer und schloss die Augen hinter seinen Coca-Cola-Glas-Brillengläsern, um sich etwas zu wünschen.

»Ja«, seufzte Joschka, »so ist es wild.«

»Und so kann es bleiben!«, seufzte Vanessa.

Sie reckte und streckte sich und dann legte die Unerschrockene ihren Kopf doch tatsächlich auf Marlons Bauch: so als wär der ihr Lieblingskopfkissen. Die Nummer 10 rülpste vor Schreck, doch dann lächelte er, und obwohl seine Sommersprossen in dem Moment explodierten, ließ er Vanessa gewähren. Nein, er genoss es sogar, und als er sich sicher war, dass es niemand bemerkte, strich Marlon Vanessa sogar durch ihr Haar.

»Ja, und so wird es bleiben!«, lächelte er und wir dachten alle dasselbe: »Wir sind die wildeste Fußballmannschaft der Welt! Ja, und darauf sind wir verflixt noch mal stolz. Stolz, satt und fürchterlich müde.«

Wir gähnten wie Anakondas, die einen Elefanten verschlucken.

Wir krochen in unsere Zelte hinein.

Wir reckten und streckten uns wie ein Bär vor dem Winterschlaf.

Wir schlossen die Augen.

Wir fühlten, wie wir im Reich der Träume versanken ... da griffen sie an!

»Reißt als Erstes die Stangen heraus!«, schrie eine Stimme, die klang, als spucke sie Reißnägel aus.

Ich fuhr aus dem Schlaf. Genauso wie Jojo, der zusammen mit mir im Zelt lag.

»Markus! Was ist das?«, rief er erschrocken, da stürzten die Zeltstangen über uns ein.

»Ja, Bulldog!«, schrie die Reißnagelstimme. »Und jetzt nehmt die Leinen! Schnürt sie zusammen. Verpackt sie in ihren Zelten und dann auf den Wagen damit!«

Eiskalter Teufelsfluch! Neben uns schrien Raban und Joschka. Sie schrien um Hilfe und Leon brüllte vor Wut. Doch er brüllte umsonst. Er konnte nichts tun. Bevor wir aus unseren Schlafsäcken kamen, griffen Hände nach uns. Hände, die so groß wie Radkappen waren. Sie rollten und schnürten uns in unsere Zeltplanen ein und warfen uns auf den Leiterwagen. Dort lagen wir dann wie Fische an Land, mit aufgerissenen Augen und Mündern. Wir konnten nichts sehen. Unsere Herzen schlugen im Hals und wir konnten uns nicht mehr bewegen.

»Juli!«, wisperte Joschka. »Juli! Wo bist du?«

Da meldete sich die Reißnagelstimme wieder.

»Hoho!«, spottete sie. »Habt ihr das alle gehört? Die Kerle machen sich vor Angst in die Hosen.« Sie lachte und mit ihr lachten sieben andere Wesen. »Aber vielleicht tappen sie ja nur ein bisschen im Dunkeln. Ich glaube, sie haben keinen blassen Schimmer, wo sie hier sind.«

Die Wesen um uns herum lachten noch mehr. Sie lachten, wie Alligatoren lachen würden, wenn sie es könnten.

»Nun. Dann heißen wir euch mal herzlich willkommen.« Die Reißnagelstimme gluckste vor Freude: »Ihr seid hier im Tal der langen Messer gelandet, und damit ihr euch nicht mehr so fürchten müsst, bringen wir euch jetzt nach Hause. Nach Hause zu uns!«, kicherte sie, doch ihr Kichern war eine eiskalte Drohung.

»Los! Bewegt eure Hintern!«, befahl sie den Alligatoren.

Die stürzten sich auf den Leiterwagen und schoben und zogen uns fort.

In den Höhlen von Radbod

Die gummibereiften Räder hüpften über die Wiese und wir hüpften wie ein Haufen Kartoffelsäcke auf der Pritsche des Leiterwagens herum. Jojo und ich lagen Wange an Wange. So fest hatten sie uns in die Zelte geschnürt. Ich spürte Jojos Pulsschlag an meiner Schläfe und ich spürte, wie er zu rasen begann, als der Wagen die Wiese verließ.

Drei rasende Herzschläge lang war es mucksmäuschenstill. Wir schienen zu schweben. Die Reifen surrten fast lautlos über Asphalt. Dann kippte der Wagen. Wir rasten bergab und die Alligatoren konnten uns fast nicht mehr halten. Glasasche knirschte unter den Rädern, so als würden Knochen zermalmt.

»Scharte und Beißer!«, befahl die Reißnagelstimme. »Öffnet das Tor.«

Sofort preschten zwei der Alligatoren nach vorn. Eisenketten rasselten auf den Boden. Torflügel ächzten in verrosteten Angeln und dann rollte der

Leiterwagen auch schon über Eisenplatten hinweg. Eisenplatten, unter denen das dunkle Nichts gähnte. Die Welt vibrierte um uns herum und sie drohte, in sich zusammenzustürzen, als der Leiterwagen gegen die Stahlwand prallte.

SCHRAPP! RAPP! PP-TUNK!

Der Donnerschlag betäubte die Ohren. Wir lagen ohnmächtig da. Wir spürten die Angst. Sie bestand aus Legionen von Kakerlaken und die huschten mit eiskalten, kratzigen Beinen über unsere Rücken hinab. Die Würste und die Apfelsaftschorle rumorten in unseren Bäuchen. Ich dachte nur: »Jojo! Wehe, du kotzt!« Da schlugen die Alligatoren die rostigen Torflügel zu. Die Eisenketten wurden durch Gitter gezogen. Vorhängeschlösser hakten sich mit ihren Stahlhaken ein und dann bediente jemand den Hebel. Es war ein Hebel wie bei unserer Flutlichtanlage. Es sirrte und britzelte, doch es wurde nicht hell. Nein, ganz im Gegenteil: es tat einen Ruck. Einen mächtigen Ruck. Unsere Mägen erbebten. Sie krampften zusammen und sie erlebten, was Schwerelosigkeit und freier Fall heißt. Denn in der nächsten Nanosekunde ratterten wir mit dem schnellsten Aufzug der Welt über tausend Meter hinab in die Tiefe.

Dort unten in der Hölle oder wo immer das war, schoben uns die Alligatoren in eine Halle. Sie zerrten uns von der Pritsche. Sie warfen uns in den Dreck. Sie schalteten uralte Lampen ein und die flammten auf wie die Lampen bei uns zu Hause in der Geheimhalle jenseits der magischen Furt. Doch ich wusste nicht, ob ich die Magie sehen wollte, die in dieser Welt herrschte. Ich meine, wer will schon die Augen aufmachen, wenn er sich in der Hölle befindet. Da plärrte die Reißnagelstimme ihren nächsten Befehl.

»Schang-Hai!«, plärrte sie, »zeig unseren Gästen doch mal, wo sie sind.«

»Jau, jau!«, jaulte Schang-Hai und dann stapfte ein Wesen, das so groß sein musste wie der große

Bruder von King Kong oder Godzilla, auch schon auf uns zu.

»Snrrrr!«, schnarrte ein anderer Alligator, »aber schneid ihnen ja nicht die Nasen ab!«

»Jau, Bulldog, noch nicht!«, jaulte Schang-Hai. »Jau, und auch nicht die Ohren.«

In diesem Moment stach eine Schere durch die Zeltplane durch. Sie streifte mein Ohr, schnitt einen Schlitz in das Tuch und dann zog Schang-Hai Jojos und meinen Kopf wie einen Gumminippel durch ihn hindurch.

Ich blinzelte gegen das Licht. Die riesigen Deckenleuchten blendeten mich und es dauerte, bis Schang-Hai das siebte Zelt aufgeschlitzt hatte und die Köpfe von Raban und Joschka befreite, dass ich etwas anderes sehen konnte als nur flirrende Punkte.

»Hohohoho!«, gluckste die Reißnagelstimme. »Guckt euch die Kerlchen an, wie sie sich fürchten.«

»Snrrrrr!«, schnarrte Bulldog und schmatzte danach. »Ich denke, die denken, wir denken: wir wollen sie fressen.«

»Oh ja! Schllllpf! Schllllpf!«, schlürfte ein Alligator mit Hasenscharte. »Das will ich auch denken. Bitte, Schschieeehmahn, denke ich das?«

»Nein, Scharte! Das denken wir nicht!«, erklärte die Reißnagelstimme und sie wurde dabei ganz weich und ganz freundlich. So als spreche sie mit einem ganz kleinen Kind, ja, oder mit einem schrecklichen Monster, das man auf keinen Fall aufregen darf. »Nein, Scharte, an so etwas denken wir auf gar keinen Fall. Und auf gar keinen Fall denken wir so etwas laut. Siehst du denn nicht, wie die Kerlchen sich fürchten?«

»T-t-terro-t-touristischer M-monster-Rex!«, zitterte Joschka und er zitterte noch viel mehr, als sich die Lampen an der Decke plötzlich verfinsterten.

»Siehst du, was hab ich gesagt?«, säuselte das schwarze Loch, das dafür verantwortlich war. »Der kleine Kerl zittert wie Wackelpudding.«

Das mächtige Wesen beugte sich zu Joschka hinab und pikste ihn in den Bauch. Julis kleiner Bruder bekam den Mund nicht mehr zu und genauso erging es Raban. Er, der an ihn gefesselt neben ihm saß, raunte und wisperte heiser.

»Hottentottenalbtraumnacht! Jo-joschka, der, der, ...«

»... Ja, Raban«, fiel ihm dieser ins Wort, »der, terro-touristische Monsterschleimbacke, der ...«

»D-D-Dicke Michi ...«, stammelte Raban.

»D-der D-Dicke Michi«, nickte Joschka, »ist, äh-äh, ist eine ... Frau.«

Ja, frostbeulender Pferdefuß, jetzt sah ich es auch. Das mächtige Wesen mit der Reißnagelstimme, das schwarze Loch, das über Joschka und Raban die Lampen verdunkelte und dem alle anderen Alligatoren gehorchten, war eine naturgetreue Kopie des Mistkerls aus den Graffiti-Burgen. Nur dass er rosa Lippenstift trug und zwei über den Ohren zu Schneckenhäusern gebundene Zöpfe.

»Beim heiligen Muckefuck!«, pfiff Fabi, der schnellste Rechtsaußen der Welt.

Er richtete sich auf, um besser sehen zu können, und er zog Leon, an den er Bauch an Bauch gefesselt war, dabei mit auf die Knie.

»Beim heiligen Muckefuck!«, pfiff Fabi noch mal und dann konnte er sich einfach nicht mehr beherrschen. »Ich werde verrückt! Oh mein Gott, Michi! Warum hast du das so lange vor mir verborgen? Ich steh auf so kräftige Mädels! Mein Gott! Bindet mich los! Holt einen Pfarrer! Und dann heiraten wir!«

»Igitt! Kotz und Würg!«, schrie Joschka entsetzt, doch Fabi grinste sein breitestes Grinsen.

Er zeigte alle Zähne, die er besaß, und das Dicke-Michi-Mädchen machte dasselbe. Nur dass es nicht grinste, wie Fabi es tat. Nein, es lächelte. Es lächelte so sanft wie ein Engel. Es schürzte gedankenverloren die rosa Lippenstiftlippen. Es spielte mit seinen Schneckenhauszöpfen und gleich, ja gleich, das dachte ich, wird es in die Hände klatschen und dann, dann wird es tanzen. Oh, ätzende Hexenspotze! Fabi wurde ganz blass. Er dachte dasselbe: »Das Dicke-Michi-Mädchen hat sich verflixt noch mal in mich verknallt.«

»Ähem!«, räusperte er sich und wollte was sagen, »Ich, äh-hem, ja, ich, ich ...«

Da erstarrte das Lächeln zwischen den Zöpfen. Die Zähne zwischen den rosa Lippen wurden ganz spitz. Die Augen des Mädchens verengten sich zu haarfeinen Schlitzen und die blitzten jetzt laserkanonenrot auf.

»Heiliger Muckefuck!«, schluckte Fabi erschrocken.

Die Alligatorenanführerin war nämlich gar nicht verliebt. Sie hatte nur nachgedacht. Sie hatte die wenigen Lichter in ihrem Kopf aktiviert und die hatten sie für ein paar Atemzüge freundlich aussehen lassen. Doch jetzt hatte das Dicke-Michi-Mädchen den Spott hinter Fabis Worten begriffen und jetzt schlug es zu.

»Pah!«, brüllte die Reißnagelstimme und schubste Raban und Joschka zurück in den Dreck. »Ich lache mich tot! Ich und der Dicke Michi?« Sie wirbelte hoch und zu Fabi herum. »Pah! Du spielst mit deinem Leben! Ist dir das klar!« Sie sprang auf Fabi zu. Sie packte ihn sich. Sie zog ihn und Leon, der an ihm hing, hoch, als wären sie Kasperlepuppen, und dann hauchte sie ihnen ihre Drohung direkt ins Gesicht: »Sag das noch mal und du wirst in meinen Armen verhungern!«

»Okay, okay«, flüsterte Fabi beeindruckt. »Ich habe mich ganz offensichtlich geirrt.«

»Ja, Kacke verdammte! Und wie!«, spuckte Leon, denn er steckte mit seinem Kopf in der Achselhöhle des Mädchens. »Du hast überhaupt nichts mit dem Dicken Michi zu tun. Du bist das netteste Mädchen ...«

»Pah!«, fauchte das netteste Mädchen und schleuderte Fabi und Leon in hohem Bogen auf den Boden zurück. »Pah! Ich hasse Mädchen, vor allem nette, und was ich noch mehr hasse, sind nette Jungs.«

»Ach, was du nicht sagst«, stöhnten Fabi und Leon.

»Und am meisten hasse ich es, wenn man mich mit dem Dicken Michi vergleicht!« Die Laseraugen fixierten die beiden und dann schwenkten sie über uns alle hinweg. »Habt ihr das alle kapiert oder muss ich euch das noch erklären?«

Ich nickte und schüttelte gleichzeitig den Kopf und Jojo machte dasselbe.

»Pah!«, fauchte das Mädchen durch ihre rosa Lippen hindurch. »Dann ist ja alles in Butter. Dann können wir euch ja endlich begrüßen.«

Sie grinste wie eine Piranha-Mama und dann drehte sie eine Pirouette. Ja, und obwohl sie sich alle Mühe gab, sah das so elegant und spielerisch aus, als würde ein Nilpferd ein Ballettröckchen tragen. Sie pupste vor Anstrengung und in der Wolke aus diesem Eau de Toilette verbeugte sie sich vor uns.

»Willkommen!«, lächelte sie. »Ich heiße Schie-Mähn. Wie He-Man. Nur dass der Mistkerl im Vergleich zu mir ein Schmusetier ist.« Ihr Gesicht verdunkelte sich und sie schickte eine Laserblitzsalve Richtung Fabi, die zum Glück nur auf ›Bitte lähmen‹ eingestellt war. »Und dasselbe gilt auch für euren Dicken Michi und seine armselige Bande. Die wirken doch höchstens gefährlich, wenn man sie bei den Teletubbies auftreten lässt.«

Das Mädchen namens Schieh-Mähn genoss das Gelächter ihrer Kumpane. Sie strahlte vor Glück und sie schlug einen Purzelbaum, dass die Erde erbebte.

»Ihr aber seid hier: in den Höhlen von Radbod. Tausend Meter tief unter der Erde. Und hier herrschen wir: die *Lustigen Monster*! Bulldog, komm her. Ja, und Beißer und Scharte! Zeigt euch unseren Gästen! Hammer, Schang-Hai! Pah, und Orka, mein Mädchen, ist sie nicht süß?«

Sie nahm ihre Radkappenhand und tätschelte dem kleinsten der Mädchen damit ihre Wange.

»Ist sie nicht süß?«, wiederholte sie drohend und ließ ihre Laseraugen aufflammen.

Wir beeilten uns und nickten ganz eifrig. Doch in Wirklichkeit rutschte uns das Herz in die Hose, wenn wir zu unseren sieben Gastgebern schauten, und die stellten sich jetzt und extra für uns zu einem Monsteralligatoren-Familienfoto zusammen.

Schieh-Mähn, ihre Anführerin, habe ich euch ja schon genauer beschrieben. Und Schang-Hai, ihr wisst schon, die immer nur »Jau« mault, sah aus wie die größere Schwester von Kong. Die schnarrende Bulldog konnte als Tochter der Dicken Berta durchgehen. Das ist die Oberschwester aus dem Krankenhaus, die sich so gerne als Pippi Langstrumpf verkleidet. Und Beißer und Hammer waren grobschlächtige Riesen. Sie standen wie zwei siamesische Zwillings-Kugelstoßer hinter den andern und ich musste mehr als fünfmal hinschauen, um sicherzugehen, dass es sich bei den beiden auch wirklich um echte Mädchen handelt. Vor ihnen lauerte Scharte. Sie war spindeldürr, doch sie hatte sich Schaschlikspieße an die Finger gesteckt und ich lege meine Torwarthandschuhe ins Feuer, dass dieses SCHLLLPF-SCHLLLPF-schmatzende Girlie die dreifache Menge von dem vertilgen konnte, was eine Fußballmannschaft in einer Woche verbraucht. Beim grunzenden Hexenrülpser!

Und die Letzte von allen war die niedliche Orka. Sie rollte vor den anderen her. Das Nesthäkchen dieser Monster AG steckte, als wäre es aufgeblasen, in einem schwarz-weiß karierten Matrosenanzug. Ihre kurzen zahllosen Zöpfe stachen wie Nägel aus ihrem Kopf und mit ihren patschigen Flossenhändchen schwang sie die beiden Fahrradketten wie zwei Babyrasseln um sich herum.

»So«, griente Schieh-Mähn. »Und jetzt machen wir alle ganz brav Winke-Winke!«

Sie hob ihre Radkappenhand. Sie wedelte damit durch die Luft und Orka und Scharte machten dasselbe. Doch wir sahen nur die Fahrradketten und Schaschlikspieße und die blitzten dabei mehr als gefährlich im Licht.

»Ja, so ist es brav!«, krächzte Schieh-Mähn ihr rostiges Lachen. »Dieser Gruß kommt nämlich nicht nur von uns. Nein, wir sollen euch ganz, ganz liebe Grüße von den *Biestigen Biestern* bestellen.«

»Ganz liebe Grüße!«, röhrten die *Lustigen Monster* im Chor.

»Ja, denn die finden es wirklich ganz toll, dass ihr es bis hierher geschafft habt. Das hätten sie niemals gedacht. Und ihr müsst es mir glauben: Sie sind fürchterlich traurig, dass ihr so kurz vor dem Ziel, nun …«, Schieh-Mähn schniefte, als wär ihre Pottwaloma gestorben, »… wie soll ich das sagen? ... Anscheinend und leider habt ihr im letzten Augenblick dann doch noch gekniffen. Ich meine, sonst wärt ihr nicht hier. Sonst hättet ihr unsere Einladung nicht der Einladung der *Biestigen Biester* vorgezogen. Und weil das so ist, solltet ihr auf keinen Fall auch nur daran denken, dass ihr morgen Abend einfach so in der Natternhöhle auftauchen könntet. Das versteht ihr doch, oder? Die *Biestigen Biester* sind nämlich ziemlich beleidigt und sauer auf euch.« Das Pottwalmädchen mit den Schneckenhauszöpfen über den Ohren hob ratlos die Hände. »Tja, so ist das nun mal«, lächelte sie. »Und deshalb habt ihr, ganz kurz und ganz freundlich, aber auch ganz grausam und hinterhältig gesprochen, das Spiel morgen Abend verloren.«

Sie holte tief Luft. Sie musterte uns und dann grinste sie, als hätte sie heute Geburtstag. »Tja, und weil das so ist, seid ihr leider schon heute nicht mehr die wildeste Mannschaft der Welt.«

»Leider nicht mehr!«, grinsten die Lustigen Monster.

Scharte klatschte in ihre Schaschlikspießhände und Orka hüpfte wie ein Flummi herum.

»Leider nicht mehr! Leider nicht mehr!«, jauchzte der aufgeblasene Matrosenanzug. Er ließ seine Fahrradketten wie Kreissägen kreisen und das Sirren, das sie verursachten, drang bis in meine Zahnwurzeln ein. Ich dachte, wenn das nicht aufhört, platzt mir der Schädel, da hob Schieh-Mähn die Arme und dann war es still.

Gott-sei-Dank-still.

Aber nur einen kurzen Atemzug lang. Dann sprang mir mein Herz in den Hals und schlug dort mit einem Vorschlaghammer wie wild um sich.

»Heimtückische Hexengalle!«, wollte ich fauchen, doch meine Stimme kam nicht an dem Vorschlaghammer vorbei.

Die Ungerechtigkeit war zu groß. Die *Lustigen Monster* waren viel zu fies und gemein und wir lagen in unsere Zelte gewickelt hilflos am Boden. Selbst Leon, der Slalomdribbler, brachte keinen Ton raus, auch wenn sein Kopf vor Wut schon dunkelrot wurde, und Vanessas waffenscheinpflichtiger Blick prallte an Schieh-Mähn, Bulldog, Orka und Scharte ab, als schösse sie mit einem Tischtennisball auf eine Lokomotive.

»Gu-hu-hu-huuut!«, gluckste das Mädchen, das wie der Dicke Michi aussah. »Dann haben wir uns ja alle verstanden. Ihr bleibt bis übermorgen bei uns und dann fahrt ihr wieder nach Hause.«

Ich bäumte mich auf. Ich zerrte an meinen Fesseln. Ich kochte vor Wut, doch ich brachte noch immer keinen Ton über die Lippen.

»Schleimige Hexenkobra!«, dachte ich deshalb

und blitzte die miese Kuh an. »Dafür wirst du irgendwann büßen!« Ja, und dafür lege ich meine Torwarthandschuhe ins Feuer: Schieh-Mähn verstand jedes Wort.

Sie musterte mich. Sie runzelte ihre Stirn. Sie verengte ihre Augen wieder zu haarfeinen Schlitzen. Doch in dem Moment, in dem ich glaubte, jetzt schickt sie Scharte mit ihren Schaschlikspießen zu mir, schüttelte sie ihren Kopf.

»Hey, hey, hey!«, seufzte sie, »ihr seid unsere Gäste und ich verspreche euch: wir fressen euch nicht. Nein, nicht solange ihr tut, was ich will. Und ich will doch nur, dass ihr eure Niederlage genießt. Bei allen doppelten Pommes rotweiß, und die auch noch richtig matschig und fettig. Wir feiern ein Fest. Extra für euch! Und wenn wir euch gleich losbinden werden, denkt bitte daran: Ihr seid hier tausend Meter tief unter der Erde und die Gänge, die ihr hier abzweigen seht, sind Hunderte von Kilometern lang. Die Höhlen von Radbod waren vor vielen Jahrzehnten mal eine Zeche und niemand kennt sich in ihren Stollen noch aus. Sie sind ein Labyrinth, das nur zwei Ausgänge hat. Der eine liegt hinter euch, doch für diesen Förderkorb besitz ich den Schlüssel und den trage ich hier, unter dem T-Shirt auf meinem niedlichen Bauch.«

Und den zeigte sie uns. Pelzige Teufelszunge!

Und während sie lachte, schwappte der Schlüssel, den sie mit einem riesigen Pflaster dort festgeklebt hatte, wie auf einer mächtigen Speckschwartenwelle neben dem Bauchnabel auf und ab.

»Tja, und der andere Ausgang führt in die Hölle oder ins Nichts.« Schieh-Mähn zuckte die Achseln. »Ihr könnt es euch aussuchen, wie ihr es nennt, wenn ihr euch erst einmal hier unten verirrt … Mhm, also was ist? Wisst ihr jetzt alle Bescheid?«

Sie nahm jeden von uns ganz genau ins Visier.

»Und was ist mit dir?«, fixierte sie mich. »Kapierst du jetzt auch, dass ihr verloren habt?«

Sie kam auf mich zu. »Oder muss ich noch deutlicher werden?«

Sie blieb vor mir stehen und sie beugte sich zu mir herab. »Ich warte«, hauchte sie und ich wusste: Das heißt nichts anderes als Alarmstufe rot. Jede Gegenwehr zwecklos. Rette dein Leben! Ja, und deshalb schüttelte ich ganz brav den Kopf.

»Das ist gut!«, lächelte das Mädchen mit den Schneckenhauszöpfen und dann klatschte sie in die Hände. Sie verwandelte sich wieder in ein Nilpferd, das Ballett tanzen will. »Los!«, lachte sie. »Holt Gummibärchen für alle, und Marshmallow-Mäuse! Die Party beginnt!«

Verraten! Verkauft!

Das war's. Ich hab euch gewarnt und jetzt ist es passiert: Die *Wilden Fußballkerle* gibt es nicht mehr! Und es wird sie auch nie wieder geben!

Diese beiden Sätze drehten sich in meinem Kopf. Sie drehten und drehten sich, bis mir schwindelig wurde. Und dann, dann wurde mir schlecht.

Es wurde mir schlecht, weil ich zusehen musste, wie Schieh-Mähn und Co. unseren Untergang feierten. Sie hörten Musik. Sie tanzten einen Britney-Spears-gegen-Christina-Aguilera-Wettbewerb und sie aßen dabei anderthalbpfündige Gummibärchen-und-Marshmallow-Tüten auf ex. Sie spülten das klebrige Zeug mit Red-Bull-Dosen runter, und zwar so, indem sie die Dinger einfach über ihren Mündern zerquetschten. Und sie rülpsten und furzten, dass ich jedes Mal dachte, jetzt, ja, jetzt stürzen die Höhlen von Radbod ein. Finito, Teufelsbasta und ... Ja, irgendwie wünschte ich mir, dass das passierte. Ich konnte und wollte einfach nicht mehr. Und bitte: haltet mich jetzt nicht für lebensmüde. Aber nach drei Aufforderungen von Schieh-Mähn, mit ihr zu tanzen, nach vieren von Orka und sieben von Beißer und Hammer, den siamesischen Kugelstoßerinnen, sehnte ich mich nur noch nach einem: nach einer Erlösung, und deshalb nutzte ich die erste Gelegenheit und machte mich aus dem Staub.

Ich zog mich zurück. Ich versteckte mich im hintersten Winkel der Halle. Ich verkroch mich zwischen den Loren, den kleinen Waggons, mit denen man vor vielen Jahrzehnten die Kohle auf Schienen aus den unzähligen Stollen hierhergebracht hatte, um sie über den Förderturm nach oben zu bringen. Den Förderturm, der laut Schieh-Mähn unsere einzige Rettung bedeutete, dessen Schlüssel aber unerreichbar für uns auf ihrem Bauch klebte.

Ich starrte ihn an. Ich starrte den Förderturm an, bis mir meine Augen wehtaten, bis sie zu tränen begannen, und dann heulte ich los. Ja, ihr habt richtig gelesen. Ich, Markus, der Unbezwingbare, der coolste *Wilde Kerl*, heulte, als wollte ich mit meiner Tränensintflut die ganze Welt ertränken. Und ich hatte tausend Gründe dafür.

Ich heulte, weil ich enttäuscht war. Weil wir so kurz vor dem Ziel auf so unfaire Weise besiegt worden waren. Das, was hier gerade mit uns passierte, war so, als würde jemand beim Fußball die Notbremse ziehen und statt einer Roten Karte zur Belohnung noch einen Elfmeter bekommen. Aber das war nicht alles. Ich heulte auch vor Erschöpfung. Ich heulte, weil ich keine Kraft mehr besaß, um mich gegen diese Ungerechtigkeit zu wehren. Aber vor allem heulte ich so wie noch nie in meinem Leben zuvor, weil ich die Schuld daran trug. Die Schuld daran, dass es die *Wilden Fußballkerle* ab jetzt nicht mehr gab. Denn woher sollte ich wissen, dass dasselbe passiert wäre, wenn wir in München geblieben wären? Nein, dann wären wir immer noch die wildeste Fußballmannschaft der Welt und die *Biestigen* könnten uns kreuzweise. Aber ich musste ja unbedingt diesen Mist von den Revolvermännern erzählen. Dabei gibt es nichts Lächerlicheres auf der ganzen Welt als zwei Männer, die sich nur daran messen, wer von ihnen einen verflixten Colt am schnellsten aus dem Holster ziehen kann. Nein, bei allen Mächten der Hölle! Ich hatte es einfach nicht besser verdient. Ich hatte es nicht besser verdient, als bei den *Lustigen Monstern* zu enden, während die einen Britney-Spears-versus-Christina-Aguilera-Wettbewerb tanzten und anderthalbpfündige Gummibärchentüten mit Red-Bull-Dosen runterspülten.

Deshalb heulte ich und ich beschloss, dass ich damit nie wieder aufhören würde, als sich jemand neben mich setzte.

»Hey!«, sagte der leise und mit belegter Stimme, »hey, darf ich dir mal was sagen?«

Ich schüttelte den Kopf. Ich vergrub ihn noch tiefer zwischen Armen und Knien. Ich wollte nichts hören. Doch der, der jetzt neben mir saß, ließ sich dadurch nicht abwimmeln. Nein, dafür war er viel zu dickköpfig und stur.

»Hey, ich verstehe«, sagte er. »Mir geht es genauso wie dir.« Er schniefte und zog die Nase hoch, als würde er weinen. »Aber trotzdem muss ich mich bei dir bedanken. Ich meine, wir müssen uns alle bei dir bedanken.«

Ich stutzte. Ich verschluckte mich an meinen Tränen und dann traute ich mich. Ich schaute ihn an.

»Das meine ich ernst«, sagte Leon.

»Ja, und wir, wir meinen das auch«, wischte sich Marlon den Rotz von der Nase.

»Absolut ernst«, nickte Felix, der Wirbelwind.

Er saß neben Marlon und neben ihm saßen die anderen. Beim dampfenden Teufelsdreck! Alle *Wilden Kerle* saßen zwischen den Loren.

»Ohne dich«, sagte Fabi, »hätten wir uns alle blamiert.«

»Ja«, räusperte sich Maxi und gab ihm recht. »Ohne dich hätten wir uns alle ganz feige versteckt.«

»Wir hätten uns in zen-buddhistischen Höhlen verkrochen«, schämte sich Raban, dass seine Brille beschlug.

»Oder irgendwo in Brasilien«, sagte Rocce.

»Ja, in Brasilien oder im Bayerischen Wald.« Annika wischte sich die Tränen aus den Augen und versuchte ein Lächeln.

Doch ich würgte ihr Lächeln mit einem Kopfschütteln ab.

»Ach, was du nicht sagst. Und was machen wir hier? He? Hier verstecken wir uns doch genauso.«

»Ja, aber nicht, weil wir feige sind«, widersprach Jojo ganz stolz.

»Nein, wir haben alles versucht«, nickte Juli »Huckleberry« Fort Knox und er wirkte überhaupt nicht mehr niedergeschlagen.

»Genau«, grinste Vanessa, die Unerschrockene. »Und wenn du mich fragst, wo ich jetzt lieber wäre: mit Oma Schrecklich auf einer Wellnessfarm oder hier, dann weißt du ganz genau, was ich antworten würde.«

»Beim terro-touristischen Revolvermann!«, raunte Joschka, die siebte Kavallerie, und grinste so frech, wie er konnte. »Dann würdest du viel lieber

’ne Schlammpackung nehmen und danach noch eine Massage.«

Joschka riss schützend die Arme vor sein Gesicht. Doch die Kinnhakenmassage, die er von Vanessa erwartet hatte, blieb aus.

»Beim terro-touristischen Galgenhumor!«, zischte er und schielte dabei durch die Finger.

Die Unerschrockene lachte über den Witz.

»Ja, Schitte noch mal«, lachte sie. »Und dann würd ich noch in Eselsmilch baden.«

Sie schaute mich an.

»Hey, Markus! Jetzt lach doch auch mal ’n bisschen. Uns bleibt noch ’ne halbe Nacht und ein ganz langer Tag. Erst dann haben wir wirklich verloren. Und irgendwann schlafen die Monster da ein.«

Sie deutete zu Schieh-Mähn und Orka hinüber. Die tanzten und sangen ein wildes Finale. Schieh-Mähn als Britney und Orka als Flummi, denn als Christina Aguilera hatte die überhaupt keine Chance. Auch wenn sie jetzt mit piespsiger Stimme und in ihrem schwarzweiß karierten Matrosenanzug wie ein Chorknabe dastand und »Beautiful« sang.

»Ich weiß«, nickte ich und versuchte ein Lächeln. »Aber jeder Mensch merkt, wenn man ihm ein Pflaster abzieht. Besonders am Bauch. Da kann er noch so tief schlafen.«

»Natürlich. Schieh-Mähn wird schreien und zetern. Aber ...«, Leon grinste mich an, »... wenn wir den Schlüssel erst einmal haben, haben wir auch ganz schön viele Gründe zu kämpfen. Findest du nicht?«

»Und du kannst Karate!«, sagte die Drachenreiterin. Sie sagte es mit so viel Bewunderung, dass ich knallrot werden musste. »Du kannst es sogar besser, als ich Thai-Boxen kann.«

»Und Rocce ist ein Meister im Kendo-Schwertkampf!«, lachte Marlon, die Nummer 10. »Ja, wirklich, in echt. Er ist der erste südbrasilianische Samuraikrieger der Welt.«

»Und das ist doch tausendmal besser als ein zenbuddhistischer Mönch, der sich vor der Welt in den Alpen versteckt.« Raban, der Held, hob die Hand zum High Five. »Und ich hab auch schon mal Judo gelernt.«

Ich zögerte. Ich lachte und dann schlug ich ein.

»Und wenn du das nur halb so gut kannst wie mit deinem richtigen falschen Fuß Billardtore zu schießen, dann kann sich Scharte ihre Schaschlikspieße sonst wohin stecken.«

Der Junge mit der Coca-Cola-Glas-Brille strahlte mich an.

»Alles ist gut!«, strahlte er und ich wollte ihm schon genauso wild antworten, da ertönte in unseren Rücken ein Schleifen von Metall auf Metall.

»Schllllpffff! Schllllpffff!«, schmatzte Scharte und rieb ihre Schaschlikspießfinger sirrend und pfeifend gegeneinander.

»Schllllpffff! Schllllpffff!«, schmatzte sie und »SNRR! SNRRRRRRRR!« schnarrte es von der anderen Seite zurück, wo im Rücken von Vanessa und Marlon die mächtige Bulldog erschien.

»Jau!«, maulte Schang-Hai rechts hinter Maxi und Felix.

Und links hinter Juli und Joschka tauchten die Zwillinge auf.

»SNRRRRRR!«, schnarrte Bulldog, als wollte sie grinsen. »Das klingt ja alles ganz spannend. In echt.«

»Aber ich frage mich«, schmatzte Scharte genüsslich, »wie wollt ihr kämpfen, wenn ihr, schllpff, schllpff, gleich wieder gefesselt seid?«

Ja, und damit wir ihre Frage auch richtig verstanden, zog sie alle zehn Schaschlikspießfinger Funken sprühend über die Loren, holte kurz aus, zerschnitt mit den messerscharfen Spitzen die Leine, die neben ihr zur Hallendecke hochgespannt war, und nur eine Nanosekunde später fiel das Fangnetz auf uns herab.

Winusch, der Hauer

»Verkokelter Satansbraten und Höllenklobürstensalat!«

Ich kochte vor Wut. Ich ballte die Fäuste, doch ich konnte sie nicht mehr zusammenschlagen.

»Oh-Mann-oh-Mann-oh!«, zischte ich. »Ich kann es nicht fassen. So dämlich wie wir kann man nicht sein.«

»Hey, Bingo!«, hauchte Fabi in mein rechtes Auge hinein und er zerdrückte dabei mit seiner Wange meine arme, wehrlose Nase. »So dämlich war ich das letzte Mal, als ich drei Jahre alt war. Da hab ich mit meiner Mutter Verstecken gespielt und mich fünfmal hintereinander in derselben Kiste versteckt.«

»Sakra-Rhinozeros-Pups!«, schimpfte Raban unter Vanessas Hintern hervor und biss mir dabei um ein Haar in mein Ohr. »Und jetzt sag bitte nicht, sie hat dich niemals gefunden.«

»Wieso fragst du so blöd?«, motzte Annika, von der ich nur den linken Fuß sah, und der steckte mit seinem großen Zeh in der Nase von Felix. »Wenn sie ihn gefunden hätte, dann wär'n wir nicht hier. Kaninchen-Wattebausch-Bommelschwanz-Po! Warum behandeln uns unsere Eltern immer wie Kinder? Warum bringen sie uns nicht mal was Nützliches bei?«

Und damit hatte sie verflixt noch mal recht.

Wir hingen ineinander verkeilt in dem Fangnetz herum. Das hatten die Lustigen Monster einfach mit uns an die Decke gezogen und von hier konnten wir die Halle ganz genau übersehen. Sie war leer. Außer den alten Sofas, Sesseln und Tischen, auf denen die *Lustigen Monster* jetzt schnarchten, gab es hier nichts. Nichts außer den Loren, und die standen alle zusammen in einer Ecke herum. Sie waren das einzige Versteck, das sich anbot. Sie waren die Kiste, von der Fabi erzählt hat, habt ihr das alle kapiert? Und weil das so war, waren sie auch der einzige Ort, an dem Bulldog und Co. nach uns suchten. Ich meine, sie mussten nicht suchen. Sie waren ja nicht wie unsere Mütter und Väter, die sich uns zuliebe dumm und blöd stellten. Nein, sie kannten die Kiste, ich meine unser Versteck. Sie kannten es schon, bevor wir es kannten, und deshalb hatten sie alles geplant. Sie hatten das Fangnetz aufgehängt, und während sie sich vorstellten, wie dämlich wir waren, wie wir uns

hier verstecken würden, um den Ausbruch zu planen, da hatten sie sich vor Lachen in die Hosen gemacht.

Ich kochte vor Wut. Ich drückte Fabis Wange aus meinem Gesicht. Ich schob Rabans Nase zur Seite.

»Ich will hier raus!«, schrie ich. »Schieh-Mähn und Bulldog! Lasst mich hier raus!«

Da zerplatzte eine Gummibärchentüte auf meinem Auge.

»Ruhe da oben!«, drohte Bulldog. »Ich versuche zu schlafen!«

Doch das war mir in meiner Wut jetzt schnurzpiepegal.

»Dann hättest du nicht so viel Red-Bull trinken sollen!«, fauchte ich und stieß Vanessas Hintern zur Seite. »Und bevor du uns das nächste Mal anmotzt, beschwer dich lieber bei Schieh-Mähn und Orka.«

Ich wühlte mich unter Felix hindurch und stellte mich auf.

»Die schnarchen nämlich noch lauter als ein südbrasilianisches Hängebauchschwein!«

Ich blitzte sie an und Bulldog blitzte zurück.

»SNRRRR!«, bebten ihre mächtigen Nüstern.

Sie überlegte, ob sie ein Sixpack Red-Bull-Dosen packen und hinter der Gummibärchentüte her auf mich werfen sollte, doch dann entschied sie sich anders. Sie zuckte die Achseln.

»Weißt du was?«, grinste sie. »Zeter und schimpf doch ruhig weiter. Ihr habt trotzdem verloren. Und wenn ich 600 Kilometer umsonst geradelt wäre, dann würde ich bestimmt noch wütender sein.«

»Sag das noch mal!«, bebte ich. »Und dann lass mich raus. Dann werd ich dir zeigen, wie wütend ich bin!«

Doch Bulldog hörte mir nicht mehr zu. Sie rollte sich auf dem Sofa zusammen. Sie gähnte dreimal wie ein Walhai und dann schnarchte sie lauter als Orka und Schieh-Mähn und alle andern Monster zusammen.

»Das wirst du büßen!«, zischte ich und ballte die Fäuste. Ich umfasste die Maschen des Netzes, bis das Seil durch meine Torwarthandschuhe in meine Handballen schnitt. Ich biss mir vor Anstrengung auf die Lippen und dann zog und zerrte ich an dem Netz. Beim dampfenden Teufelsdreck! Das musste doch gehen. Es musste doch irgendwann reißen. Verflixt! Spätestens jetzt, wo sich Leon und Fabi und Deniz und Maxi und alle andern mit ins Zeug legten. Doch das Netz hielt. Es trotzte unserer Wut. Es demütigte unsere Kraft und einer nach dem andern gaben wir auf.

Wir hockten im Kreis, Rücken an Rücken, und das Schwanken des Netzes lullte uns ein. Es zählte die endlos langen Sekunden. Die Sekunden der Ohnmacht und der Aussichtslosigkeit.

»Und?«, fragte ich spöttisch. »Seid ihr mir immer noch dankbar?«

»Nein, natürlich nicht!«, antwortete Vanessa. »Ich säße jetzt viel lieber in einer Höhle irgendwo in Tirol.«

»Genau«, nickte Marlon, »und der lange Bart,

den du tragen würdest, würde dich ganz bestimmt noch glücklicher machen.«

Marlon versuchte ein schelmisches Grinsen und Vanessa versuchte, ihm einen Kinnhaken zu geben. Doch beide hatten sie dafür nicht mehr die Kraft.

»Verdammich und zugenäht!«, seufzte Jojo, »jetzt hör doch mal auf! Markus, wenn einer die Schuld daran trägt, dass wir hier hocken und hängen, dann bin das nur ich. Ich hab die Karten gelesen und ich hab die Warnungen, die uns Billi gegeben hat, einfach ignoriert. Ja, schon bei dem Geheimlagerplatz in der alten Fabrik, in der wir alle Squash-Fußball gespielt haben, stand seine Notiz: ›Seid vorsichtig! Da war ich noch nie. Und diesen Geheimlagerplatz hat Hadschi für jemand anders gebaut.‹«

»Wie bitte?«, fragte Marlon. »Aber warum? Ich meine, ich hab dich doch extra zu Billi geschickt ...«

Ich schaute Jojo ungläubig an und alle andern taten dasselbe.

»Ich weiß«, sagte der. »Aber ich war so froh, dass es endlich bergauf ging. Wir waren endlich wieder gut drauf. Ja, und am Ende ist doch auch nichts passiert. Wir haben Spaß gehabt und endlich, seit so vielen dunklen Tagen, haben wir wieder Fußball gespielt.« Jojo strahlte uns an. »Ja, und weil das so war, hab ich auf der Wiese am Fluss bei dem ewigen Feuer auch nichts gesagt.«

»Aha«, nickte Marlon. »Und was stand da auf der Karte?«

Doch Jojo wich aus.

»Ich meine, ihr habt doch dasselbe gedacht. Wir sind endlich da. Wir haben's geschafft, und obwohl wir so weit gefahren sind, sieht alles ganz genauso aus wie bei uns in Grünwald. Verdammich und zugenäht! Da konnte uns doch gar nichts passieren. Wir wollten nur schlafen, trainieren und dann wollten wir die *Biestigen Biester* ...«

»Jojo!«, unterbrach ihn Marlon. »Was stand auf der Karte?«

»Ähem!«, stammelte Jojo, »da stand, ähm, da stand ...«

»Wieder Vorsicht?«, fragte Marlon vorahnungsvoll, doch der mit der Sonne tanzt schüttelte den Kopf.

»Nein: ›Absolute Vorsicht‹«, antwortete er. »Da stand, dass die Wiese schon zum »Tal der langen Messer« gehört und dass in dem Tal der Dicke Michi regiert. Ich meine, so was wie der Dicke Michi, so was wie ...«

»Schieh-Mähn«, raunten wir alle und schauten Jojo entsetzt und vorwurfsvoll an. »Du hast gewusst, dass die kommen werden, und du hast uns ...?«

»... nicht gewarnt«, nickte Jojo niedergeschlagen. »Ganz genau, das habe ich nicht.«

Wir schnappten nach Luft.

»Aber warum?«, fragten wir alle durcheinander. »Jojo, verflixt!« Wir konnten und wollten es einfach nicht glauben. »Wir hätten noch frei sein können, Jojo ...«

»Ich weiß«, nickte der, der mit der Sonne tanzt. »Ich weiß. Ich weiß. Ich weiß. Ich weiß.«

Er hüpfte vor Aufregung. Er wurde immer nervöser.

»Aber ich kapier es immer noch nicht.«

Er starrte uns an.

»Ich meine, denkt doch mal nach! Stellt euch mal vor, die *Biestigen Biester* wären nach München gekommen. Zu uns, meine ich, dann hätte ihnen der Dicke Michi doch auch nichts getan. Dann hätten wir ihm das verboten. Ich meine, das wäre doch unfair gewesen. Deniz, verflixt, du hast es selber gesagt: Es geht um ein Fußballspiel ...«

»Nein«, sagte Deniz, »es geht um viel mehr. Es geht darum, wer die Wildesten sind.«

»Ja, aber trotzdem«, widersprach Jojo. »Trotzdem hat das nichts mit Fairness zu tun. Verdammich und zugenäht! Wenn die *Biestigen Biester* uns auf diese Weise besiegen, dann gilt das doch nicht. Dann haben die sich doch selber geschlagen.

Er schaute uns an. Er war absolut ratlos.

»Ich meine, die wollen doch das sein, was wir sind. Verflixt! Dann müssen die doch genauso denken wie wir. Leon, Marlon, Fabi, Markus?«

Doch die Antwort, die er suchte, kam von Vanessa.

»Wieso?«, fragte sie trocken. »Wieso müssen sie das? Wieso können die nicht auch ganz anders sein?«

Vanessa und Annika wechselten einen kopfschüttelnd-augenrollenden Blick.

»Oder wollt ihr etwa behaupten, dass ihr die ganze Zeit noch nie darüber nachgedacht habt, wer die *Biestigen Biester* sind? Ich meine natürlich, außer der Tatsache, dass sie auch Fußball spielen wie wir?«

Sie musterte uns.

»Habt ihr noch nie darüber nachgedacht, dass es sich bei den *Biestigen Biestern* und uns vielleicht ganz ähnlich verhält wie beim Dicken Michi und Schieh-Mähn, wie bei Kong und Schang-Hai oder wie bei Sense und Orka?«

»Was meinst du damit?«, fragte Leon argwöhnisch.

»Ich meine«, antwortete Vanessa. »Ich meine zum Beispiel, dass wir uns niemals so nennen würden. Oder fändest du *Biestige Biester* für uns einen passenden Namen?«

»Nein!«, zischte Leon. »Das ist doch ein Name für ...«

»Ja! Verflixt noch mal!«, schimpfte Vanessa. »Jetzt hast du's kapiert: Wir haben gegen eine Mädchenmannschaft verloren!«

»Beim Angora-Kaninchen-Wattebausch-Bommelschwanz-Po!«, fluchte Annika. »Und das auch noch, ohne dass es zu einem Ballkontakt kam.«

Die beiden Mädchen wurden knallrot. So schämten sie sich und so wütend waren sie, weil sie sich schämten.

»Und bitte«, drohte die Unerschrockene, »erzählt mir jetzt nicht, dass das unfair war.«

»Das war's nämlich nicht!«, zischte die Drachenreiterin. »Das war absolut fair.

»Das war ein Test!«, fauchte Vanessa. »Und den haben wir so richtig vergeigt!«

Die beiden Mädchen blitzten uns an.

»Oder was würdet ihr von einer Fußballmannschaft denken, die ins *Wilde Kerle*-Land kommt und die sich dann dort noch am ersten Tag von einer Dumpfbackenhorde wie den *Unbesiegbaren Siegern* einfangen und in ihre Zelte einschnüren lässt, als wäre sie ein Rudel Rinderrouladen?«

Vanessa schnappte nach Luft. Ja, und dann, dann schleuderten uns Vanessa und Annika die ganze Wahrheit, die nackte Wahrheit und nichts als die Wahrheit von rechts und links vor den Latz.

»Würdet ihr diese Rinderrouladen noch ernst nehmen?«, fragte Vanessa.

»Würdet ihr ihnen glauben«, schoss Annika sofort hinterher, »würdet ihr ihnen glauben, sie seien die wildeste Fußballmannschaft der Welt?«

»Würdet ihr gegen sie spielen?«, fragte Vanessa.

»Oder würdet ihr ihnen durch den Dicken Michi mitteilen lassen, dass es leider nicht reicht.«

»Dass ihr keine Zeit habt, gegen Kinder zu spielen.«

»Kinder, die nicht auf sich selbst aufpassen können, und dass diese Kinder erst dann zurückkommen sollen ...«

»... wenn sie wild und erwachsen sind.«

Vanessas und Annikas Augen glühten vor Zorn.

»Habt ihr das alle geschnallt?«, fuhr uns die Unerschrockene an.

»Das war's!«, spuckte die Drachenreiterin Feuer. »Es ist aus!«

»Aus und vorbei!«, zischte Vanessa und sie beschloss damit das Ende der Welt.

Das Ende der *Wilde Kerle*-Welt.

Beim kochenden Höllenschlund! Ich schaute zu Jojo. Mein bester Freund verkroch sich in seinen Sandalen. So schämte er sich und wir, wir schämten uns auch. Wir stellten uns vor, wie wir unter dem Spott der *Biestigen Biester* die Heimreise antreten mussten, und wir stellten uns vor, wie uns der Dicke Michi zu Hause empfing. Mit seiner alten geballten Boshaftigkeit würde er uns schlagen, zermalmen und in alle Himmelsrichtungen zerstreuen und den Rest, falls dann überhaupt noch ein Rest von uns übrig bliebe, den würde Gonzo Gonzales erledigen, der blasse Vampir. Dann gäbe es uns, die *Wilden Kerle*, nicht mehr und dann wäre dieser Band, der letzte und dreizehnte Band, zu Ende. Nein, eiskalter Teufelsfluch! Jetzt ist aber Schluss mit dem »würde« und »wäre«. Dieses Abenteuer ist schon zu Ende. Finito! Teufelsbasta und Schluss! Also klappt das Buch zu. Bringt es von mir aus in die Buchhandlung zurück und tauscht es dort um. Aber ändern werdet ihr dadurch nichts. Nein! Auch wenn ihr euch ein anderes *Wilde Kerle*-Buch kauft. Es wird euch nicht mehr gefallen, denn ihr werdet es nie mehr vergessen: die *Wilden Fußballkerle* gibt es nicht mehr ...

Es sei denn, und das ist wirklich die allerletzte Chance, die wir haben: Ihr bleibt bei uns. Ihr haltet unsere Niederlage aus. Ihr ertragt unsere Schande und unser Jammern. Ihr teilt unsere Ohnmacht und unsere Wut. Ihr findet mit uns den letzten Funken Hoffnung in unseren Herzen und ihr leiht uns etwas von eurer Kraft. Vielleicht gibt es dann ja doch noch einen Ausweg oder ein Wunder, beim dampfenden Teufelsdreck!

»Vielleicht kommt ja Willi«, flüsterte der kleine Joschka. »Ich meine, ihn haben sie doch nicht gefangen und er ist der beste Trainer der Welt.«

»Ja!«, lachte Raban. »Oh Mann, sind wir blöd. Willi wird uns finden und retten und dann schießen wir die *Biestigen Biester* mit einem kräftigen Tritt in den Hintern direkt auf den Mond.«

Raban hob die Hand zum High Five.

»Alles ist gut!«, rief er und Joschka wollte schon einschlagen, da hielt ich seine Hand fest.

»Nein«, sagte ich. »Das glaube ich nicht. Willi wird uns nicht helfen.«

»Terro-touristische ...!«, flüstere Joschka, doch ich schüttelte traurig den Kopf.

»Nein, Joschka. Willi hat sich verändert. Ich weiß nicht, warum. Aber da gibt es noch einen anderen Willi und ich wette mit dir: Dieser andere Willi freut sich diebisch darüber, dass wir jetzt hier sind und dass wir es nicht geschafft haben, in die Natternhöhle zu kommen.«

»Schlotterbein und Tarzanschrei!«, zischte Maxi und ballte die Fäuste. »Pass auf, was du sagst!«

»Ja!«, drohte Felix. »Sag nichts gegen Willi!«

»Sonst!«, drohte Marlon, »sonst ...«

»Ja, ich weiß«, nickte ich. »Aber das tue ich nicht. Ich sage nichts gegen den Willi, den wir bisher kannten. Ich sage nur, und dafür leg ich meine beiden Torwarthandschuhe ins Feuer: Der andere Willi, der neue, der, den wir bisher noch nicht kannten, ist stärker und der lässt uns heute im Stich.«

»Verdammich und zugenäht!«, hauchte Jojo verzweifelt und schaute die anderen an. »Wenn das so ist, dann ...«

»... dann ...«, fiel ich ihm ins Wort, »dann kann uns nur noch einer hier rausholen und das ist der Opa von Marlon und Leon. Das ist ...«

»... der Spion«, flüsterte Joschka, die siebte Kavallerie, und wischte sich den Rotz von der Nase. »Doch woher soll der denn wissen, wo wir jetzt sind?«

Er schniefte. Er legte seinen Kopf auf die Schulter von Juli und der, der sonst für so etwas nur Kopfnüsse verteilte, ließ das doch tatsächlich zu. Er strich seinem Bruder sogar durch das Haar.

Dann hörten wir nur noch das Schnarchen der Monster, und obwohl das so grauenhaft klang, als würden Pottwale furzen, schliefen wir irgendwann ein.

Wir schliefen eine Ewigkeit lang. Wir schliefen den Rest der Nacht und den folgenden Tag und wir waren fest entschlossen, den Weltrekord von Dornröschen zu brechen. Wir wollten so lange schlafen, bis alles vorbei war und wieder gut …, da kreischte Stahl über Stahl.

Drei Loren rasten zu uns in die Halle. Sie kamen von vorne, von rechts und von links. Sie rasten Funken sprühend über die Schienen und sie knallten in die Loren, die unter uns standen, hinein. Der scheppernde Donnerschlag ließ die Halle erbeben. Die *Lustigen Monster* sprangen von ihren Sofas und Sesseln. Sie schrien und kreischten wie Elefanten, die von einer mutierten Riesenmaus geweckt worden sind. Doch bevor sie kapierten, was hier passiert war, spazierte ein Kerl aus einem der Stollen, die laut Schieh-Mähn ins Nichts führten oder sogar in die Hölle.

»Einen schönen guten Abend!«, wünschte der Alte.

Er kam ganz in Schwarz. Er trug einen schwarzen Motorradhelm, eine schwarze Motorradbrille und einen schwarzen Cowboystaubmantel, der bis zum Boden reichte und ihn wie ein Gespenstergewand raschelnd umwehte. Nur an den Füßen trug er Plastiksandalen, die durchsichtig waren. Tarnkappenschluffen nannte er sie und auf denen schritt er jetzt so, als würde er schweben, lautlos in die Höhle der Monster hinein.

»Einen schönen guten Abend!«, wiederholte der Kerl seinen Gruß und erst jetzt bekam er eine Art Antwort.

»Winusch, der Hauer!«, krächzte Schieh-Mähn und spuckte einen Klumpen Rotz in den Staub. »Winusch, der Hauer!«, wiederholte sie oberargwöhnisch. »Wo kommst du her?«

»Oh«, zuckte der schwarze Fremde die Achseln. »Das weißt du doch, Schieh-Mähn. Du weißt, wo die Stollen hinführen, oder irre ich mich?«

»Nein. Natürlich weiß ich das«, beeilte sich Schieh-Mähn, doch sie wich vorsichtshalber ein paar Schritte zurück. Sie war noch nie in den Stollen gewesen. Für sie waren die Stollen so etwas wie ein Friedhof bei Nacht.

»Aber was willst du hier?«, krächzte sie heiser und ängstlich. »Wir haben dich nicht gerufen, Hauer, hörst du?«

Der Alte im Staubmantel schaute sich um. Sein Blick streifte das Fangnetz, in dem wir eingesperrt hockten.

»Krumpelkrautrüben!«, raunte Marlon, die Nummer 10. »Der Kerl, der gefällt mir.«

»Bist du dir sicher?«, flüsterte Raban, der Held. »Ich meine, der Kerl sieht ganz schön unheimlich aus.«

»Und ob!«, grinste Marlon. »Und gefährlich dazu. Hey, Brüderchen! Hast du so was wie das da von deinem Opa erwartet?«

»Wie bitte?«, fragte Leon und schaute völlig verdattert.

Da schob Winusch, der Hauer, seine Motorradbrille aus dem Gesicht, enthüllte das wohl schönste Piratenschlitzohrenlächeln der Welt und zwinkerte uns aus dem Schatten seiner buschigen Großvateraugenbrauen ganz kurz, aber herzlich und aufmunternd zu.

»Kacke verdammte!«, zischte Leon voller Respekt und sein bester Freund Fabi pfiff durch die Zähne.

»Der Kerl, der ist ja noch wilder als wir!«

Doch wie wild das war, das sollte sich zeigen. Beim brodelnden Hexenkessel! Das sage ich euch und ich warne euch jetzt schon mal vor: Selbst mir, verflixt, Markus, dem Unbezwingbaren, rutschte in den nächsten zehn bis fünfzehn Minuten das Herz gleich dreimal in die Hose hinein.

»Respekt. Respekt«, brummte der Opa von Leon und Marlon. »Wie ich sehe, habt ihr die *Wilden Kerle* erwischt.«

»Ja. Marshmallow-Mäuse-Kautabakspotze!« Die dicke Schieh-Mähn spuckte zum zweiten Mal aus und zertrat dann den Batzen, als wär es ein Käfer. »Und wir werden sie erst wieder freilassen, wenn es uns Lissi, die aus der Hüfte schießt, sagt und befiehlt.«

»Oh!« Der schwarze Hauer horchte jetzt auf. »Dann arbeitet ihr immer noch für die ... die ...?« Er kreiste mit dem Zeigefinger durch die Luft, weil ihm der Name nicht einfallen wollte.

»Die *Biestigen Biester*«, half ihm Schieh-Mähn.

»Oh ja, genau«, schnippte Winusch und freute sich so, als wär es ihm selbst wieder eingefallen. »Und weil das so ist, lasst ihr euch von denen herumkommandieren?«

»Wie bitte?«, fragte das Dicke-Michi-Mädchen. »Was hast du da eben gesagt?«

Ihre Augen verengten sich zu haarfeinen Schlitzen.

»Herumkommandieren«, grinste der Alte. »Ich meine: Schieh-Mähn, tu das. Bulldog, tu das. Scharte, kannst du bitte das für uns eben erledigen? Aber bitte ganz schnell und dalli, hopp! Hopp!«

»Hey! Einen Moment!« Die haarfeinen Schlitze begannen zu glühen, doch das spornte den alten Kerl höchstens noch an.

»Nein. Keinen Moment!«, fiel er Schieh-Mähn ins Wort. »Und bitte komm mir jetzt nicht mit: die *Biestigen Biester* sind doch so mächtig und wild! Carbid und Ka-wuhm!«, fluchte Winusch, der Hauer. »Ihr habt die *Wilden Kerle* gefangen. Ihr seid die wildesten Mädchen im Land und deshalb, nur deshalb bin ich jetzt hier.«

Er ging zu den Loren, zu den drei Loren, die er aus den Stollen vor sich hergeschickt hatte, und zog die Planen von den Waggons.

»Das ist für euch!«, rief er. »Das sind die Waffen der Kerle. Die hat der größte und beste Erfinder gebaut, den es in der Wilden Welt gibt. Ich rede von Hadschi ben Hadschi ben Hadschi ben Hadschi, und die habt ihr einfach auf der Wiese liegen gelassen.«

Er blitzte die *Lustigen Monster* vorwurfsvoll an und mir rutschte das Herz zum ersten Mal in die Hose.

»Was macht euer Opa denn da?«, fragte ich Marlon und Leon, doch die waren genauso entgeistert wie ich. »Mit diesen Waffen hätte er uns hier rausholen können. Verkokelter Satansbraten!«

Aber stattdessen riss er die Päckchen aus Wachspapier auf und verteilte den Inhalt an Schieh-Mähn und Co.

»Carbid und Ka-wuhm!«, schimpfte der Alte. »Mit diesen Dingern könnt ihr die *Biestigen Biester* besiegen. Das hier ist eine Kaugummifesselkanone oder Spinnfädenwumme, wie Hadschi sie nennt. Das hier ist eine Pfefferhaubitze. Sie nebelt alles mit Pfefferstaub ein. Aber die hier, die kleinen, die gefallen mir persönlich am besten. Das sind Blutegelschleudern.«

Er nahm eines der kleinen Handkatapulte und schnallte es sich auf den Arm.

»Passt doch mal auf! Ich brauch nur einen Moment. Dann kann ich euch zeigen, wie die funktionieren.«

Er griff in einen der Eimer mit dem trüben, wässrigen Schlamm und holte gleich drei der glibbrigen Egel heraus.

»So, auf wen soll ich schießen?«, fragte er grinsend und schwenkte mit der geladenen Schleuder herum.

Die *Lustigen Monster* warfen sich auf den Boden.

»Hör auf!«, schrien sie. »Hör sofort auf!«

Und wir schöpften Hoffnung.

»Jetzt ha-hat er sie!«, freute sich Deniz, die Lokomotive. »Jetzt hat euer O-ha-pa die Monster besiegt.«

Da lachte der Alte: »Hey! Kommt schon! Steht auf! Das war doch nur Spaß!«

Und wir und die Monster konnten es beide nicht fassen.

»Dreifach gerollte Fußnagelpest!«, schimpfte Raban und Schieh-Mähn blitzte Winusch, den Hauer, argwöhnisch an.

»Wieso tust du das?«, zischte sie wie ein Komodowaran. Ich meine die mit der giftigen Spucke.

»Wieso?«, lachte Winusch. »Wieso fragst du das noch? Du kannst dich rächen, Schieh-Mähn. Für jede Demütigung kannst du dich rächen. Für alles, was dir die *Biestigen Biester* zugefügt haben.«

»Ich weiß«, krächzte Schieh-Mähn. »Aber das meine ich nicht. Ich will deinen Grund wissen, Hauer. Warum hilfst du uns plötzlich? Das hast du noch nie! Du hast uns immer bekämpft.«

»Das stimmt! Aber jetzt ist das anders. Jetzt seid ihr die wildeste Gang. Jetzt werdet ihr im Biesterland herrschen und ich, Winusch, der Hauer, werde euer Verbündeter sein.

»Ah, so ist das«, raunte das Dicke-Michi-Mädchen. »Ich glaub, ich verstehe. Du willst an die Macht.«

Sie legte ihre Radkappenhand auf die Schulter des Alten.

»Du willst an die Macht!«, gluckste sie. »Aber wer an die Macht will, weißt du, dem kann man gar nicht vertrauen.«

»Nein, überhaupt nicht«, schnarrte Bulldog. »Snrrrr! Snrrrr! Besonders wenn dieser Jemand noch ein Spion ist.«

Sie ging auf die andere Seite des Alten.

»Ein Doppelspion«, schmatzte Scharte. »Schllllpf! Schlllpf! Und dazu noch der Opa von Leon und Marlon.«

Sie stellte sich vor Hauer auf und fuhr ihm mit ihren Schaschlikspießfingerspitzen schrappend und quietschend über den Helm.

»Eitriger Hexenzahnwurzelfurunkel!«, zischte ich heiser. »Jetzt ist es aus!«

Und mit diesem »aus« rutschte mein Herz jetzt schon zum zweiten Mal in die Hose.

Aber auch Winusch, der Hauer, bekam das ganz große Flattern, und wie das bei Leuten ohne Rückgrat so ist – und Spione und Doppelspione gehören zu diesen Leuten –, hängte der Opa von Marlon und Leon seine Fahne einfach in den Wind.

»Oh ja, ich, ähm«, stammelte er und drehte und wand sich wie eine Schlange. »Natürlich bin ich ihr Opa. Ja, ähm, und Marlon und Leon sind meine Enkel.«

Er schaute zu uns herauf. Ich sah die Skrupel in seinen Augen und Marlon und Leon sahen sie auch. Sie flatterten dort wie Motten im Licht.

»Opa!«, flüsterten Leon und Marlon. »Opa, verflixt!«

Da lachte der Alte. Nein, das nehm ich zurück. Er lachte nicht wirklich. Er kicherte nur. Er kicherte wie der größte Feigling oder Verräter.

»Aber was soll's«, schleimte er kichernd. »Schieh-Mähn und Bulldog. Ich hab sie sowieso schon so lang nicht gesehen. Ich meine, ich kenn sie ja gar nicht. Ich meine, ich kenn sie nicht mehr. Und wenn Scharte jetzt endlich aufhört, meinen Helm zu zerkratzen, dann mach ich euch auch einen Vorschlag. Einen Vorschlag, der euch beweisen wird, dass ich ganz ehrlich bin. So brav und so ehrlich, als wär ich, ähm, ja, als wär ich eine von euch.«

»Da bin ich aber gespannt!«, drohte Schieh-Mähn.

Sie packte den Alten am Kragen. Sie hob ihn hoch in die Luft, dass er mit den Füßen in der Luft herumstrampelte. Und dann beging Winusch, der Hauer, seinen Verrat.

»Was haltet ihr davon?«, flehte der Alte um Gnade. »Was haltet ihr davon, wenn ihr die Waffen zuerst einmal testet? Wenn ihr sie ausprobiert, und zwar an denen.« Er zeigte auf uns. »An euren Gefangenen. An den Ex-*Wilden Kerlen* ...«

»Krumpelkrautrüben!«, schluckte Marlon. »Opa!«

Doch der kannte seine Enkel nicht mehr.

»Und an Marlon und Leon!!«, rief er entschlossen. »Na, wie gefällt euch das? Schieh-Mähn! Bulldog! Orka und Scharte?«

Er flehte die *Lustigen Monster* der Reihe nach an.

»Na, kommt schon! Spielen wir *Wilde Kerle*-Jagd! Demütigen wir unsere Champs von damals doch noch ein bisschen mehr und üben wir für den Kampf gegen die *Biestigen Biester*!«

Die Augen von Schieh-Mähn rollten und zuckten. Die Zahnräder in ihrem Kopf liefen heiß. Doch dann hatte selbst das Dicke-Michi-Mädchen die Chance begriffen und dann ging alles sehr schnell.

Die *Lustigen Monster* verteilten die Waffen. Sie schraubten die Druckluftpatronen in die Pfefferhaubitzen und wählten aus den vorhandenen Magazinen die mit der Aufschrift »Hot Chili« aus. Sie zündeten die Bunsenbrenner der Spinnfädenwummen und wärmten die Tanks mit dem Kaugummi auf. Sie schnallten sich Blutegelschleudern um beide Arme, spannten die kleinen Katapulte nach hinten und legten die eklige Munition ein. Nur Winusch, der Hauer, bekam keine Waffe. Egal wie oft er auch darum bat. Nein, Winusch, der Hauer, bekam eine andere, eine ganz besondere Aufgabe von Schieh-Mähn erteilt und uns rutschten unsere Herzen zum dritten Mal in unsere Hosen hinein.

Schieh-Mähn schickte Winusch, den Hauer, zu dem Seil, das das Fangnetz, in dem wir uns alle befanden, in der Luft hielt. Sie prüfte noch einmal alle vier Waffen. Die Kaugummifesselkanone in ihrer Rechten, die Pfefferhaubitze in ihrer Linken und die Blutegelschleudern an beiden Unterarmen.

Dann nickte sie dem Verräter zu und der zog den Pickel aus seinem Gürtel heraus. Den rasiermesserscharfen Pickel hob er über den Kopf und dann, dann tat er das, was ihr jetzt nicht hören, was ihr jetzt nicht lesen und was ihr auch niemals erfahren wollt. Er kappte das Seil, und während wir auf dem Boden aufschlugen, rief er: »Feuer! Jetzt feuert doch schon! Los, macht sie platt!«

Und das ließen sich die *Lustigen Monster* kein zweites Mal sagen. Sie drückten ab. Die Pfefferhaubitzen knallten wie Donnerschläge auf allen vier Seiten um uns herum.

»Hippopotamusbullenpropellerschwanzmist!«, schrie Raban und Leon sprang aus dem Netz.

»Dafür wirst du büßen, Opa!«, schrie er und packte ihn am Schlafittchen, doch Schieh-Mähn schrie noch lauter als er:

»AHHH!«, schrie sie und rieb sich die Augen.

»AHHHH!«, schrien die anderen *Lustigen Monster*. »AHHHH! Das brennt ja wie Sau. O-HOH! Tut das weh!«

Schieh-Mähn und Co. standen im Nebel. Sie torkelten in den Pfefferwolken herum. Die Haubitzen hatten nicht so funktioniert, wie sie dachten. Sie hatten nach hinten geschossen, verflixt!

»Das ist Verrat!«, schrie das Dicke-Michi-Mädchen. »Hauer, wo bist du? Ich kann dich nicht sehen!«

Sie stand da, als wäre sie blind. Ihre Augen tränten und aus ihrer Nase triefte der Rotz.

»Hauer! Dafür wirst zu zahlen!«

Sie schleuderte die Pfefferhaubitze von sich. »Nehmt die Spinnfädenwummen, Mädels!« Ihre Stimme war purer, eisiger Hass. Sie hob die mächtige Waffe. Sie legte damit auf uns an. Auf uns und auf Hauer und alle sieben Monster taten dasselbe.

»Der Alte gehört mir!«, zischte Schieh-Mähn und dann brüllte sie: »Und jetzt macht sie platt!«

Die Brenner an den Tanks fauchten auf. Die Kaugummifesselkanonen zischten und sirrten wie Laser und dann schossen die handwarmen und klebrigen Fäden wie Lichtblitze aus ihnen heraus.

Wir warfen uns alle zu Boden. Wir rissen die Arme über den Kopf. Wir machten uns bereit, für immer und ewig unter einer Schicht aus Kaugummi zu verschwinden ...

Da hörten wir Schieh-Mähns wütenden Fluch:

»Marshmallow-Mäuse-Kautabakspotze!«, schrie und brüllte das riesige Mädchen. »Bulldog, kannst du nicht zielen?«

»Scharte!«, schrie Orka. »Bist du blind oder was?«

Und dann brüllten alle Monster wild durcheinander.

»Ihr sollt auf sie schießen, hört ihr!«

»Auf sie!«

»Nicht auf uns!«

Doch das war leichter gesagt als getan. Die Kanonen schossen nämlich nicht geradeaus. Ihre Mündungen wirbelten nach rechts und nach links. Sie tanzten wie herrenlose Wasserschläuche auf den Kanonenläufen herum und so trafen die Monster weder den Hauer noch uns. Nein, sie trafen sich selbst und sie sponnen sich immer mehr in klebrige Cocons, bis sie wie geplatzte Michelinmännchen aussahen.

»Dreifach verschleimter Alligatorenrotz!«, staunten Rocce und Deniz.

Wir nahmen die Arme von den Köpfen und schauten uns um. Wir wollten und konnten es einfach nicht glauben.

»Na, was ist?«, grinste der Opa von Leon und Marlon seinen jüngeren Enkel jetzt an. »Willst du mich immer noch hauen?«

»Kacke verdammte!«, lachte Leon. »Ich denke nicht dran.«

»Da bin ich aber beruhigt!«, lachte der Opa zurück. »Wir sollten hier nämlich schleunigst verschwinden. Wir sollten hier abhauen, hört ihr!« Und den nächsten Satz sagte er so laut und so panisch, dass ihn die *Lustigen Monster* auch wirklich verstanden. »Wir sollten hier abhauen, bevor sie die Blutegelschleudern benutzen.«

Der Alte sprang auf. Er zeigte Schieh-Mähn eine ganz lange Nase: »Hast du verstanden! Die Blutegelschleudern!«

Dann rannte er Richtung Förderkorb los.

»Kommt mit!«, rief er, und während die Monster ihre Arme hochrissen, ergriffen wir alle die Flucht.

»Feuer frei!«, befahl Schieh-Mähn in unserem Rücken. »Erwischt sie, bevor sie am Förderkorb sind.«

Wir zogen die Köpfe ein. Ein heißkaltes Kribbeln floss uns die Wirbelsäule hinab und wir stellten uns vor, wie uns die Blutegel trafen.

»Schleimiger Schleimigelglibber!«, jammerte Raban, der neben mir lief. »Ich hasse die Viecher!«

Doch Schieh-Mähn hasste sie jetzt noch viel mehr. Das könnte ihr mir glauben. Mann-oh-Mann-oh! Das dicke Mädchen starrte in diesem Moment nur noch auf ihre Arme und alle anderen *Lustigen Monster* taten das auch. Sie hatten die Abzüge der Schleudern gedrückt. Doch leider hatten die Kaugummifäden die Katapulte an ihre Unterarme gefesselt. Sie rührten sich nicht. Sie machten nur Klack und mit diesem Klack öffneten sich die kleinen, niedlichen Körbe und aus ihnen heraus kroch die lebende Munition: die Blutegel schlüpften blitzschnell dorthin, wo sie sich am wohlsten und sichersten fühlten: unter die Schicht aus handwarmem Kaugummi und in die Hosen und Kleider der Monster hinein.

»Ohoh!«, jaulte Schieh-Mähn. »Dafür bring ich dich um! Hauer, dafür werd ich dich quälen! Du wirst Höllenqualen erleiden! Ohohoho!«

Sie jaulte und jammerte zwerchfellzerreißend und die anderen ehemals so lustigen Monster heulten noch mehr.

»Krumpelkrautrüben!«, lachte Marlon. »Verflixt! Opa, du bist der schlitzohrigste Schlitzohrenpirat, den ich ...«

Doch in diesem Moment schlug sein Opa einen Haken nach rechts. Er ließ den rettenden Förderkorb links von uns liegen und steuerte direkt auf den Stollen zu, der am finstersten und dunkelsten wirkte.

»Opa! Was machst du da?«, versuchte ihn Marlon zu bremsen. »Diese Stollen führen ins Nichts. Sie führen uns alle direkt in die Hölle und aus der kommen wir nie wieder raus.«

»Das ist eine terro-touristisch-labyrinthische Falle«, japste Joschka, die siebte Kavallerie.

»Eine pechschweflige Teufels-Rübenkrautfalle!«, warnte Raban. Er rannte so schnell, wie er konnte, und versuchte, einen Staubmantelzipfel des Alten zu fassen, doch der riss sich los.

»Okay!«, lachte der Opa. »Dann bin ich das halt. Dann bin ich der pechschweflige Rübenkrautteufel. Und zwar der aus der terro-touristisch-labyrinthischen Hölle.«

Er lachte und verschwand in dem Stollen. Wir schauten uns um. Hinter uns jaulten und zuckten die Monster und befreiten sich langsam aus ihren

Cocons. Sie schlüpften wie Aliens aus ihnen heraus und deshalb hatten wir keine Wahl. Wir folgten dem Alten in seinen Stollen.

»Pechschwefliger Rübenkrautteufel!«, lachte der Opa vor uns. »Das gefällt mir sogar! Das klingt fast wie Batman, findet ihr nicht?«

Er rannte um eine Biegung des Stollens und dort blieb er stehen.

»Beim flie-ha-hiegenden Orientteppich!«, staunte Deniz und Fabi pfiff durch die Zähne.

»Dampfender Teufelsdreck!«, raunte ich heiser. »Nein, im Vergleich zu dem Ding da ist das Batmobil höchstens ein Bobby-Car von Maxis jüngerer Schwester.«

»Genau!«, grinste der Opa von Marlon und Leon. »Und es fährt dazu noch mit Luft. Kommt!«, forderte er uns auf. »Wir sollten verschwinden, bevor sich die Monster noch weiter entpuppen!«

Er sprang auf die schwarze Lokomotive, die wie ein gusseiserner Skidoo aussah, drückte auf einen Knopf und ließ eine Sitzbank mit Rädern ausfahren, die das Ding in eine Roboterraupe verwandelte und für uns alle Platz bot.

»Na, kommt schon!«, lud er uns ein und wir nahmen die Einladung ehrfurchtsvoll an.

»Früher«, erklärte uns der Opa von Marlon und

Leon, »haben sie damit die Loren gezogen. Da waren die Dinger langsam und stark. Aber Hadschi hat für mich ein bisschen gebastelt.«

Er zog einen Hebel und der Motor sprang an. Er lief mit einem leisen Vibrieren.

»Hört ihr das? Spürt ihr das?«, fragte er stolz. »Hadschi hat aus einem Trecker eine Rakete gemacht.«

Mit diesen Worten schaltete er die drei Scheinwerfer ein, und obwohl die so hell waren wie drei kleine Sonnen, erreichten sie nicht das Ende des Stollens. Ein Kribbeln überzog unsere Haut, auf der sich alle Haare aufstellten: das, was da vor uns lag, war mehr als die Hölle, doch Winusch, der Hauer, kannte sich aus.

»Keine Angst«, beruhigte er uns. »Hier unten hab ich schon gearbeitet, als ich grad dreizehn war. Das war nach dem Krieg. Da gab es nichts anderes. Da hab ich hier unten die Kohle gehauen. Das nannte man Hauer, versteht ihr: daher kommt mein Name.«

Der Opa von Marlon und Leon machte jetzt eine Pause. Er schaute dorthin, wo sich das Licht der drei Scheinwerfer, der drei kleinen Sonnen, verlor.

»Tja, und damals, das sage ich euch, war das hier wirklich die Hölle.«

Er fuhr sich mit der Hand durch sein altes Gesicht.

»Ja«, nickte er. »Und was für 'ne Hölle!«

Er sprach mit sich selbst. Er schien nichts mehr zu hören. Er hatte sich wie das Licht im dunklen Stollen verloren.

Doch wir, verflixt, wir waren noch da, und weil wir da waren, konnten wir hören. Wir hörten, wie die *Lustigen Monster* den Stolleneingang erreichten.

»Hoho!«, jaulten sie hinter uns her. »Wir kommen gleich, hört ihr? Wir kommen zu euch!«

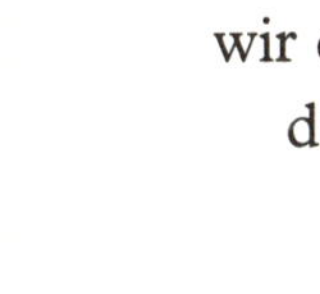

»Opa, verflixt!«, flüsterten Marlon und Leon. Sie zogen und zupften an seinem Mantel herum. »Opa, sie kommen! Wir müssen hier weg!«

Da wachte Winusch, der Hauer, aus seiner Vergangenheit auf. Er hörte die Schreie der Lustigen Monster.

»Oh!«, nickte er. »Ich glaub, ihr habt recht. Also, auf geht's!«, lachte er plötzlich. »Haltet euch fest!«

Dann gab er Gas. Der Motor der Skidoo-Raupenlokomotive sirrte wie ein Doppel-Turboblasterschwungrad aus vergoldetem Silber. Die geriffelten Räder drehten kurz durch. Dann griffen sie zu und mit einem mächtigen Ruck schoss die Unter-der-Erde-Rakete Stahl auf Stahl auf den Schienen davon.

»Oh ja!«, lachte der Opa. »Und pechschwefliger Rübenkrautteufel! Das war mal die Hölle. Doch jetzt macht es Spaß!«

Die Natternhöhle

»Passt auf! Zieht den Kopf ein!«, lachte Winusch, der Hauer. Da ratschte er selbst mit seinem Motorradhelm an einem Deckenkabel entlang. »Hier wird es eng. Das hätte ich beinah vergessen.« Und als wär das eine Einladung, noch schneller zu fahren, gab Leons und Marlons Opa jetzt Gas.

Die Unter-der-Erde-Rakete sprang von fünfzig auf siebzig Kilometer pro Stunde und Jojo, der Letzte auf der Raupenmotorradsitzbank, biss um ein Haar in den Staub. Er konnte sich gerade noch an Rabans Hosenträger festhalten und flatterte den Rest der Strecke wie eine Fahne hinter uns her.

»Oh! Ah!«, schrie er und betete, dass der Alte anhalten würde.

Doch der dachte nicht dran. Er schrie nur selber »Oh! Ah!«, als ob das Ganze ein Ritt auf einer Achterbahn wäre. Er lachte und jauchzte: »Ist das eine Höllenmaschine!« Und dann setzte er seine Brille auf. Seine Motorradbrille. Eiskalter Teufelsfluch! Und als hätte er den Schienenturbo-Skidoo bis jetzt erst nur warm gefahren, legte er sich über den Lenker und gab noch mal Gas.

»Und jetzt geht es los!«, lachte er. »Haltet euch fest!«

Die Teufelsmaschine hob sich vorn von den Schienen. Wir schrien »Ahaah!« und »Ohooh!«. Jojo, mein Freund, flatterte hinter uns her und so rasten wir – mir ist so schlecht und so schwindelig! – mit dem wildesten Opa der Welt kreuz und quer durch die Stollen.

Erst als ich dachte: »Jetzt ist es zu spät! Leon und Fabi, passt auf, ich muss kotzen!« – erst dann hielt er an. Und während wir alle nur verzweifelt versuchten, dass unsere letzte Mahlzeit in unseren Mägen blieb, sprang er aus dem Cockpit. Er rannte nach vorn und stieg dort, ohne auch nur einmal zu schwanken, eine schwindelerregende Treppe empor.

»Was ist denn?«, rief er. »Wir haben keine Zeit. Heute ist der fünfte: der fünfte August, und in zwanzig Minuten wird es schon dunkel.«

Wir schauten uns an. Wir schluckten erschrocken. Wir wünschten unsere Übelkeit und Schwindelgefühle zum Teufel. Wir jagten alle Höhenängste zum Henker und dann kletterten wir die eintausendfünfhundertsiebenundsiebzig Stufen der Spiralfelsentreppe hinauf.

Dort standen wir dann schnaufend und ächzend neben einem grinsenden Opa und wir schluckten noch mal, als der die Holztür aufstieß: die Holztür der Litfaßsäule, die den Eingang der Treppe nach außen verbarg.

»Ich hoffe, ihr könnt noch Fußball spielen«, grinste Winusch, der Hauer. »Und ich wünsch mir natürlich, dass ihr gewinnt!«

Doch wir hörten kein Wort von dem, was er sagte. Wir hörten nur eins. Wir hörten das Pochen des Blutes in unseren Adern und so starrten wir auf den riesigen Ball: einen giftgrünen Ball mit 40 Metern Durchmesser, der sich auf acht mächtigen Säulen vor uns in den Himmel erhob. Ein

augenausbeißerisch-vulkanrotes Logo strahlte von der Kugel auf uns herab. »Biestige Biester« stand da in rasiermesserscharfen Buchstaben um einen Vampirflederkatzentotenkopfschädel herum und um den Südpol des einstigen Wasserturms wand sich ein anderer Schriftzug.

»Na-attern-höh-le!«, entzifferte Joschka die Schlangenbuchstaben, und als wär das das Losungswort, öffnete sich der Südpol der Kugel und schickte aus mehr als fünfzehn Metern Höhe eine Strickleiter zu uns herab.

Uns stockte der Atem: »Im Vergleich zu unserer Natternhöhle«, schoss es uns durch den Kopf, »ist euer Teufelstopf nur ein Bolzplatz, euer schwarzer Ball eine Murmel und für eure Dimension Acht, in der ihr herumkickt, fällt uns nur ein Name ein: Pampers-Liga! Ha! Was sagt ihr jetzt?!«

Doch, eiskalter Teufelsfluch, wir sagten nichts. Die Zeilen des Briefes hatten uns hypnotisiert. Unsere Beine wurden plötzlich schwerer als Blei. Der Drang, dass wir uns umdrehten, wurde stärker und stärker. Der Wunsch, sich zu verdrücken, wurde zur Sucht und ich glaube, wir tänzelten auch schon auf der Stelle. Vielleicht drängten wir sogar schon in die Stollen zurück. Wir dachten daran, wieder zu Schieh-Mähn zu gehen. Wir tanzten auch schon mit Orka und Scharte. Da schlich sich der alte Hauer auf seinen durchsichtigen Tarnkappenschluffen in unseren Rücken und versperrte uns so unsere Flucht ins *Lustige-Monster*-Hasenfuß-Heil.

»Ihr wollt doch nicht kneifen!«, zischte er wütend. »Das ist eine Mädchenmannschaft! Ist euch das klar?«

Er blitzte uns an. Er ließ keinen Widerspruch zu und damit war die Sache beschlossen. Trotz der Hypnose kletterten wir die Strickleiter hoch. Mit bleischweren Beinen stiegen wir durch die Luke und nach Felix, dem Wirbelwind, der als letzter *Wilder Kerl* in die Natternhöhle einstieg, fiel die Klappe der Luke donnernd ins Schloss.

Danach war es finster. Finster und still. Das einzige Geräusch war das Ächzen des Stahls, aus dem die Natternhöhle geschweißt war. Es klang wie das Stöhnen eines gestrandeten Wals und wir befanden uns in seinem Bauch. Heimtückische Hexenlist! Wir saßen schon wieder in einer Falle, da huschten Schritte um uns herum. Sie kamen von rechts, von oben, von links, von vorn und von hinten und sie kamen direkt auf uns zu.

»Terro-touristischer Uruh-Kai!«, flüsterte Joschka, »Leon, wer ist das?«

Da verstummten die Schritte. Der Stahl ächzte

und stöhnte und in den Pausen dazwischen hörten wir dann auch das Klapperschlangengerassel.

»KSSSSSSSSSS!«, rasselte es und »KSSSS! KSSSS! KSS! KSSSSSS!« rasselte es von den Wänden der Kugel zurück.

»Okay!«, erhob sich eine Stimme über die Nattern. Sie klang wie glasklares Wasser, das über Sandpapier fließt. »Dann heizen wir den wilden Kerlchen doch mal ein klein bisschen ein!«

Das Klapperschlangenrasseln verstummte und genauso verstummte der Stahl. Selbst der schien der glasklaren Sandpapierstimme gehorchen zu müssen und die forderte jetzt entschlossen:

»Seid wild!«

»Nein! Wilder als wild!«, forderten die andern.

»Seid giftig und biestig!«, verlangte die Stimme.

»So biestig wie Biester!«, verlangte der Chor.

»Und schießt eure Gegner . . .!«, triumphierte die Stimme.

». . . bis ans Ende der Welt!«, triumphierte der Chor.

»Ich kann euch nicht hören!«, rief die gläserne Stimme und der Chor, der ihr folgte, brüllte:

»Bis ans Ende der Welt!«

Dann war es still.

»Bei allen Nattern und Vipern!«, zischte die Stimme und machte die Stille noch stiller. So still wie der Augenblick, bevor die Schlange zubeißt. Und dann zischten sie alle ihr Kakerlakenbeine-über-Rücken-huschendes-markerschütterndes »KSSSSSSSSSSSS!«

Heißkalter Hexenatem! Wir taumelten ein paar Schritte zurück. Wir suchten automatisch die Hände des andern, und als die Baustrahler-Flutlichtanlage der Natternhöhle aufflammte, standen wir da wie Hänsel und Gretel, die sich so bitterkalt im Finsterwald fürchten. Ja, und vor uns standen die *Biestigen Biester*!

Feuerrote Stutzen wuchsen aus Schuhen, die aussahen, als wären sie nicht aus Leder, sondern aus gebürstetem Stahl. Auf der natterngiftgrünen Brust prangte das augenausbeißerisch-vulkanrote Fledernatzen-Vampirzähne-Logo. Namen und Nummern standen auf den Rücken der Tanktops oder kurzen und bauchfreien Trikots und auf den giftgrünen Miniröcken brannte quer über den Hintern der Schriftzug: *Biestiges Biest.*

»Hi!«, grinste das Mädchen mit der glasklaren Stimme, die wie Wasser über Sandpapier floss. »Schön, dass ihr da seid. Ich heiße Lissi. Lisssiih, die aus der Hüfte schießt«, zischte und grinste sie wie eine Schlange. »Und das da ist meine ältere Schwester.«

Sie blies sich einen Fransen ihrer Haare aus dem Gesicht und deutete Kaugummi kauend zu dem Mädchen, das neben ihr stand. Das hielt seine schulterlange orangerote Mähne wie Marlon mit einem Stirnband in Schach.

»Moon«, nickte das Mädchen, als verneigte es sich. »Lara-Moon, die sich vor Netzer verneigt.«

»Und ich, ich bin Kissssiih, die den Hurrikan küsssssst.« Das Mädchen legte ihren Arm um die Schulter von Lissi und grinste ein unwiderstehliches Lächeln. »Ich stürme auf rechts.«

»Und ich fliege links«, meldete sich ein türkisches Mädchen. »A-ha-ha-haysha, auf dem flie-ha-hiegenden Teppich.«

Sie zwinkerte Deniz verführerisch zu.

Der wurde knallrot und von einem Mädchen gerettet, das ganz blass war und fürchterlich ernst.

»Genauso wie ich«, erklärte das Mädchen. »Auch ich spiele links und man nennt mich Sara. Sara, die Sternschnuppenreiterin.«

Sie strich sich ihre pechschwarzen Haare aus dem Gesicht und versuchte ein Lächeln.

»Hi, ich bin's, Yvette«, meldete sich das Gegenteil von Sara zu Wort und begrüßte uns mit einem oberzickigen Knicks. »Yvette, Finito, Basta und Schluss und ich hoffe, ihr wisst, was der Name bedeutet. Und das da«, fuhr sie fort, »ist Donnerschlag-Nele. Markus, sie hat dir den Ball in dein Zimmer gekickt.«

»Gekickt«, schluckte ich. »Das nennt sie gekickt.« Und Maxi »Tippkick« Maximilian dachte dasselbe.

Er schaute voller Respekt zu der drahtigen Nele, in deren braungrün schimmernden Augen trotz allen Ernstes ein Lächeln lag.

»Und ich bin Fli-Fla, der Vollkontaktflummi«, plusterte sich das kleinste Biest auf, obwohl es schon vorher wie ein Kugelfisch aussah. Es schüttelte seine mit Schleifchen verzierten Zöpfchen und tat so wichtig, dass seine Brille beschlug.

Ich konnte nicht anders. Ich dachte an Raban und der blitzte mich, als ich ihn deshalb anschaute, auch unheilvoll an.

»Dreifach gerollte Fußnagelpest!«, warnte er mich. »Ein falsches Wort!«

»Was soll das bedeuten?«, fauchte Fli-Fla, der Flummi, und Raban, der Held, wich hinter Joschka zurück. »Dreifach gerollte Fußnagelpest! Ich glaube, ich spinne.« Sie ballte die Fäuste. »Los, komm schon, erklär's mir. Ich möchte es wissen. Verflixte und stutenbissige Zimtzickerei!«

»Genau«, fiel ihr das Mädchen ins Wort, das wir als einziges bisher noch nicht kannten. »Stutenbissige Zimtzickerei! Worauf warten wir eigentlich? Fangen wir an!«

»Aber er hat ...«, schnappte Fli-Fla nach Luft,

doch Lissi, die aus der Hüfte schießt, ließ keinen Widerspruch zu.

»Anna hat recht!«, entschied sie einfach und knapp und dann wandte sie sich wieder an uns. Nein, sie wandte sich diesmal an mich.

»Markus«, lächelte sie. »Ich möchte dir jemanden vorstellen, der dich vielleicht interessiert. Das ist Anna »Queen« Kan, die Tochter des Panthers, und die steht jetzt schon seit zweiundzwanzig Spielen ungeschlagen bei uns im Tor. Was man von dir ja nicht behaupten kann. Ich meine, wie viele Bände gibt es denn inzwischen vom Guinnessbuch der Rekorde, damit all die Namen von denen hineinpassen, die dir einen reingemacht haben?«

»Vergifteter Satansbraten!«, zischte ich wütend. »Schau doch mal nach. Aber ich sage dir eins und dafür lege ich meine Torwarthandschuhe ins Feuer. Eure Namen werdet ihr niemals dort finden. Niemals, selbst wenn das Guinnessbuch der Rekorde hundert Bände bekommt.«

Ich fixierte zuerst Lissi und dann Anna »Queen« Kan. Wir starrten uns an wie zwei Boxer kurz vor dem Kampf. Dann zuckte das Mädchen mit den Indianerzöpfen die Achsel.

»Das ist ein Wort«, sagte Anna. »Also, fangen wir an.«

Das längste Fußballspiel aller Zeiten

Die Baustrahler-Flutlichtanlage hing in der Mitte der Natternhöhle und strahlte auf uns und das Spielfeld hinab. Das spannte sich über den Boden der Kugel und weit in die gekrümmten Wände hinauf. Es gab keine Außenlinien und die einzige Begrenzung, die wir irgendwo sahen, waren die Tore. Die klebten ungefähr 30 Meter voneinander entfernt im Osten und Westen an der stählernen Haut. Sie waren aus Baugittern zusammengeschweißt und die Torlinie bestand aus einem handbreiten Balken. Nur auf dem konnte man balancieren und stehen, sonst war der Boden für die Keeper zu steil. Heimtückische Höllenkiste! Verlor man das Gleichgewicht oder fiel man bei einer Parade neben den Balken, dann rollte man unwiderruflich in die Spielfeldmitte zurück.

Wir schauten uns an. »Wie soll man hier spielen?«, dachten wir alle, da meldete sich jemand von oben zu Wort.

»Aber hallo, halloh und oh-weh, was riech ich denn da?«

Wir hoben die Köpfe. Wir spähten ins Dunkel zwischen den gleißenden Strahlern.

»Ist das etwa Angst?«, meldete sich die Frauenstimme schon wieder. »Angst vor der eigenen Courage? Nun, das soll es geben.«

In diesem Moment entdeckte Felix den roten T1.

»Da oben ist sie!«, rief er. »Genau in der Mitte.«

Doch bevor wir sie sahen, sahen wir den roten

VW-Bus, den alten T1. Er hing im oberen Teil der Kugel unter dem Nordpol und er war ganz offensichtlich bewohnt. Ein Zeltaufsatz wuchs aus dem Dach und aus einer der Seiten des Wagens heraus. Koffer und Kisten hingen am Heck und am Bug wie an einer Western-Postkutsche. Die Fenster waren mit bunten Vorhängen und Blumen geschmückt. Blumen und Kräuter wucherten auch auf der Veranda. Die zog sich um den fliegenden Bulli herum und auf ihr entdeckten wir jetzt die Frau mit den rot-blonden, kreuz und quer zusammengesteckten Haaren.

»Ja, anscheinend gibt es das wirklich«, dachte sie laut, »Angst vor dem Mut.« Und als wollte sie diese Feststellung testen, sprang sie über die Brüstung.

»Potzteufel und ...«, erschrak Raban zu Tode, doch anstatt vor unseren Augen in die Tiefe zu stürzen, griff die Frau nach einem Trapez und schwang, während sich das Trapez dabei immer mehr senkte, in eleganten Schwüngen zu uns herab.

»Beim tanzenden Pelikan!«, staunte Rocce, aber er staunte ein bisschen zu laut.

»Wie bitte?«, zischte die Frau und landete mit einem doppelten Salto rückwärts vor dem brasilianischen Zauberer. »Willst du etwa behaupten, dass ich wie dieser Vogel ausseh?« Sie blitzte ihn an. Sie richtete oder zerzauste dabei – ich weiß nicht, wie ich es nennen soll? – ihre wild zusammengesteckte Mähne. »Behauptest du etwa, dass wir so aussehen wie ein paar schräge Vögel?« Sie zupfte an ihrem lavarot-giftgrünen Ballkleid herum. Sie richtete die alte Kutscherjacke, die sie darüber trug, und sie beugte sich so, rot-giftig-grün-blond, über den armen Rocce. »Was ist denn, mein Junge, ich rede mit dir.«

Der Zauberer schluckte.

»Beim ... S-santa P-panther im-m Raubkatzenhimmel«, stammelte Rocce leise und sah, wie ihre Augen bei diesem Fluch zuckten.

Die Frau neigte den Kopf. Sie musterte ihn. Sie überlegte, was sie mit ihm anfangen sollte, und dann fauchte sie ein drohendes: »CHHHHH!«

Sie fauchte, als wollte sie ihm den Kopf abbeißen, doch dann hielt sie plötzliche inne. Sie grinste.

»Oh«, lächelte sie, »das war schon viel besser.« Sie fuhr noch einmal zu Rocce herum.

»CHHHHH!«, fauchte sie. »Ich bin ein Panther!«

Sie breitete die Arme aus und drehte sich einmal im Kreis. Das Ballkleid wehte um sie herum.

»Ich bin ein Panther«, sang sie, »ein Panther, ein Panther!«

Sie verbeugte sich feierlich: »Willkommen bei den *Biestigen Biestern*. Die Mädels habt ihr ja schon kennengelernt und ich bin: Zzzzisssskaaaa, ihre Trainerin.«

Rocce, Leon und Marlon schauten sich an und Vanessa und Annika rollten die Augen. »Die und 'ne Trainerin?«, dachten wir alle und wieder las Ziska unsere Gedanken.

»Genau!«, sagte sie, »ihre Trainerin. Und wir haben alles von euch und eurem Willi gelernt.«

Sie stutzte. Sie schaute sich um und dann warf sie ihre Stirn in ganz tiefe Falten.

»Aber wo ist er denn?«, fragte sie uns besorgt. »Hey! Wo ist Willi! Wo ist der beste Trainer der Welt? Ist er etwa krank geworden und nach Hause gefahren?« Ziskas Besorgnis verwandelte sich schlagartig in zickigen Spott. »Oder lässt er euch wieder im Stich? Ich meine, so wie in eurem ersten Spiel gegen den Dicken Michi und seine *Unbesiegbaren Sieger*. Hat Willi Muffe gekriegt?« Sie schlug die Hände zusammen, als hätten wir ihr ein Geschenk mitgebracht, das sie sich schon ewig lang wünschte. »Oh, das tut mir aber uuunneeeenndlich leid«, freute sie sich. »Ihr wisst doch, dass ihr ohne ihn nicht gewinnen könnt. Das habt ihr noch nie geschafft. Das haben wir alles gelesen.«

Beim dampfenden Teufelsdreck! Und garstige Hexenspotze! Diese Ziska genoss jedes Wort. Sie ließ es auf ihrer Zunge zergehen und sie wusste, eiskalter Teufelsfluch, sie hatte mit jedem verflixten Wort recht. Und deshalb ließ sie sich Zeit. Sie ließ uns Zeit, um ihren Spott zu genießen. Um uns einsam zu fühlen und verlassen, allein und verloren, sechshundert Kilometer weit von zu Hause entfernt: in einer riesigen Kugel aus Stahl und im Angesicht einer Horde garstiger Mädchen und einer noch viel garstigeren, sehr bösen Frau.

»Wir haben alles gelesen«, erklärte uns Ziska. »Jeden einzelnen Band. Und am Anfang haben wir euch sogar alle bewundert. Ja, wir fanden euch sooo richtig toll. Aber dann haben wir erkannt, was für Angsthasen ihr in Wirklichkeit seid. Hasenfüße, aber halloh und oh-weh, erbärmliche Feiglinge ...«

»Hey! Hey! Hey! Einen Moment!«, fiel ihr Deniz ins Wort, doch das Oberbiest der *Biestigen Biester* rollte einfach über ihn weg.

»... Feiglinge, die sich vor Angst ins Hemd pissen, wenn etwas nur nach Mädchen aussieht.«

»Ach, das klingt aber interessant!«, lachte Vanessa. »Und was ist mit uns?«

»Ich rede von Mädchen, die sich auch wie solche benehmen«, konterte Ziska. »Und nicht von solchen, die nur versuchen, die besseren Kerle zu sein.« Sie fuhr zu Vanessa herum und nahm sie mit einem Blick auseinander, der so scharf war wie ein

Skalpell. »Ich rede nicht von solchen Mädchen, die vergessen haben, dass sie eins sind. Die sich mit den Jungs vor einen Bretterzaun stellen, um mit ihnen im Stehen zu pinkeln.«

Vanessa schoss das Blut scharlachdunkelrot ins Gesicht und bei Annika färbten sich selbst die blonden Haare schon rot.

»Kaninchen-Wattebausch-Bommelschwanz-Po!«, flüsterte die Drachenreiterin. »Nur noch ein falsches Wort, Zzzzzzzissssssskaaaa, und ich weiß nicht mehr, was ich tu.«

Die Trainerin der *Biestigen Biester* stutzte. Sie schätzte Annika ab. Sie maß das Mädchen von oben bis unten, doch die hielt ihren Skalpellsezierblick wütend und ohne mit der Wimper zu zucken aus.

»Ja«, nickte Ziska, »und trotzdem spürten wir noch einen ungeheuren Respekt. Wir haben alles über die *Wilden Kerle* gelesen. Jeden einzelnen Band. Und wir haben uns mit euch gemessen: Wir haben mit Hunden Fußball gespielt. Wir haben das Dicke-Michi-Mädchen besiegt. Wir haben das Tal der langen Messer erobert und uns in die Höhlen von Radbod gewagt. Wir gründeten einen Verein mit Logos, Trikots und Spielerverträgen. Wir haben gegen Dortmund und Schalke und gegen Leverkusen gespielt und wir haben uns selbst nicht vor den Wandernden Skatern, vor Scarlett, der Bösen und der Namenlosen versteckt. Wir haben den Wasserbombenslalom-Parcours nachgebaut und wir haben selbst euren Lancelottest hier in der Natternhöhle bestanden.«

Sie seufzte und schaute uns mitleidig an.

»Wir sind Meister geworden in der Liga der Vipern und jetzt fehlt uns nur noch ein einziger Sieg ...«

»Genau wie uns!«, hielt ich es nicht länger aus. »Schweißtriefende Pferdefußmauke von Satan dem Ersten! Was laberst du hier so lange herum?«

»Fangen wir an!«, forderte Raban, der Held, und plusterte sich endlich wieder zu unserem Manager auf. Er schaute noch böser, als Uli Hoeneß es könnte, wenn seine *Bayern* gegen Buxtehude verlieren, und das im Championsleague-Finale. »Fangen wir an und schießen wir diese netten Mädchen doch dorthin, wohin sie schon lange gehören.«

»Ja, terro-touristischer Blindschleichenfake«, verlor selbst der Kleinste von uns den letzten Rest Furcht. »Schießen wir sie auf den Mond!«

Er grinste und hob seine Hand zum High Five.

»Und dann in die Hölle!«, grinste Raban zurück und schlug in Joschkas Angebot ein.

Ziska, die Trainerin, lauschte dem Klatschen der Hände, das sich in der riesigen Kugel verlor.

»Hallo und oh-weh!«, legte sie ihre Hand wie einen Trichter ans Ohr. »Das klang aber mutig.«

Dann wirbelte sie zu Lissi herum.

»Öffnet die Luken!«, befahl sie, und während die *Biestigen Biester* diesen Auftrag erfüllten, erklärte sie uns die Regeln des Spiels: »Wir spielen fünf gegen fünf. Um Mitternacht ist dann Pause. Eine Stunde ruht ihr euch aus und dabei werdet ihr euch überlegen, ob ihr noch das Zeug dazu habt, in eine zweite Halbzeit zu gehen. Denn die hat es in sich. Die dauert nicht nur bis zum Sonnenaufgang, nein, die wird auch unter Lancelot-Testkonditionen gespielt.«

Sie machte eine bedeutungsschwangere Pause und ich glaube, sie erwartete zumindest ein Raunen von uns. Ein »Och, ist das schrecklich!« oder ein »Oje, das tut weh!«. Doch Leon, der Slalomdribbler, blieb völlig unbeeindruckt.

»Okay. Ich verstehe«, sagte er trocken. »Und was passiert, wenn es unentschieden ausgeht?«

»Dann gibt es das Revolvermänner-Elfmeterduell«, lautete die trockene Antwort. »Seht ihr die Luke dort oben im Westen?« Die Trainerin der *Biestigen Biester* zeigte in die Kugel hinauf, wo wir eine tellergroße Öffnung entdeckten, durch die die letzten Strahlen der Sonne auf einen Solarreflektor fielen. »Wenn die Sonne verschwindet, löst der Reflektor da oben einen Verschluss irgendwo im Dunkel der Kuppel und von dort fällt der Ball ins Spielfeld hinab. Und das besteht aus der gesamten Kugel. Es gibt kein Aus, habt ihr kapiert? Ihr könnt die Wände hochlaufen, so weit wie ihr's schafft, und wenn ihr den Ball dort hinaufschießen solltet, geht das Spiel weiter, wo er herunterfällt.«

»Und wann ist Schluss?«, fragte Leon, als wäre das Spiel überhaupt kein Problem. »Wann beginnt dieses Dingsda, ich meine, dieses Revolvermänner-Elfmeterduell?«

»Oh«, lächelte Ziska. »Das hat bisher noch keiner erlebt. Bisher hat noch jede Mannschaft das Handtuch geschmissen.«

»Ich verstehe«, nickte Leon und unterdrückte ein Schlucken. »Aber weißt du, Ziska, es tut mir echt leid: Wir werden keine Handtücher schmeißen. Wir haben sie gar nicht erst mitgebracht.«

Jetzt schluckte die Trainerin.

»Okay!«, nickte sie. »Dafür gibt es die Luke im Osten. Sobald das erste Sonnenlicht durch sie hindurchfällt, ertönt eine alte, aber laute Sirene. Das ist der Schlusspfiff, und der, das sage ich euch, ist schon für den Sieger kaum zu ertragen. Doch falls es dann weitergeht, wird er die Nerven der beiden Revolvermänner«, sie schnippte mit Daumen und Zeigefinger, »wie alte Spinnweben zerreißen.«

»Das werden wir sehen«, antwortete Leon.

Er schaute zur Luke im Osten hinauf. Er sah die letzten Strahlen der Sonne. Er überlegte kurz, ob noch Zeit dazu war, dann rief er uns in den Kreis. Wir legten unsere Arme über die Schultern des Nachbarn und holten dreimal ganz langsam Luft. Leon schaute uns tief in die Augen. Dann sagte er:

»Jungs! Das ist nicht nur das längste, das schwierigste und das härteste, das ist auch das wichtigste Fußballspiel unseres Lebens und wir müssen es ganz alleine bestehen. Willi ist weg. Ich weiß nicht, wieso und warum. Aber er hat uns im Stich gelassen. Da hat dieses Oberbiest recht und sie hat noch mal recht, kacke verdammte: Ich hab wirklich Angst! Tierische Angst. Ich mach mir vor Angst in die Hosen und zum ersten Mal, seitdem ich ein *Wilder Fußballkerl* bin, glaube ich nicht daran, dass wir es schaffen.«

Er schluckte und wir schluckten auch. Beim dampfenden Teufelsdreck! So hatten wir nicht den Hauch einer Chance. So waren wir ein Fake. So sahen wir nur aus, als ob wir wild wären, doch in Wirklichkeit waren wir Marshmallow-Zitteraal-und-Gummiknie-zahm.

»Jetzt wisst ihr Bescheid«, sagte Leon todernst.

Er wartete, bis wir das alle verstanden, doch dann, dann lächelte er plötzlich verschmitzt.

»Es gibt nur eine einzige Sache, mit der ich euch Mut machen kann.« Er deutete mit dem Kopf Richtung *Biestige Biester*. Die standen im Kreis um Ziska herum.

»Auch die haben Schiss. Sonst hätten sie uns nicht diese schleimige Flederkatzenkopfsülze um die Ohren geschmiert. Bei denen steht genauso viel auf dem Spiel wie bei uns und deshalb frage ich euch: Werden wir es trotzdem versuchen? Schießen wir diese giftgrünen Biester mit ihrem augenausbeißerisch-lava-vulkanroten Logo heute Nacht auf den Mond?« Dann antwortet mir alle so laut, wie ihr könnt! Er holte tief Luft.

»Alles ist gut!«, rief Leon ganz laut und: »Solange du wild bist!«, riefen wir alle zurück.

»Sei wild!«, forderte der Slalomdribbler jetzt schon viel lauter und mit »Gefährlich und wild!« schallte unser Echo zurück.

Die *Biestigen Biester* hoben die Köpfe. Darüber hatten sie so oft gelesen, das hatten sie aber noch niemals gehört.

»Eins! Zwei! Drei!«, zählte Leon und dann schrien wir alle zusammen ein ohrenbetäubendes »RAAAAHH!«.

Die *Biestigen Biester* zuckten zusammen. Sie waren für einen Moment wie gelähmt und in diesem Moment, in dem sie gelähmt waren, fiel der giftgrüne Ball aus der Kuppel herab.

»Markus, ins Tor! Fabi, du stürmst vorne mit mir und hinten brauche ich Juli, verflixt, und Maxi, deinen Trippel-M.-S.-GTI-Wild.« Und während Leon, der Slalomdribbler, das alles rief und befahl, schnappte er sich den Ball, ließ Lissi, die aus der Hüfte schießt, stehen, tunnelte Kissi, die den Horizont küsst, und rannte so lange auf das Biestertor zu, bis er die beiden anderen Spieler, Lara-Moon und Yvette, auf sich zog und sich in sie verrannte.

Erst dann spielte er ab, im letzten Moment, und während Anna »Queen« Kan, die Tochter des Panthers, noch zu ihrem Tor unterwegs war, zog Maxi »Tippkick« Maximilian, der Mann mit dem härtesten Bums auf der Welt, erbarmungs- und gnadenlos ab.

»BAAAHM!«, donnerte es und dann flog das Leder wie an der Schnur gezogen direkt und unwiderruflich aus 15 Metern Entfernung auf das Kreuzeck von Anna Kan zu. Die Kugel passte direkt in den Winkel und ich, ich ballte schon meine Faust. Da sprang die Panthertochter vom Boden. Sie hatte ihr Tor noch gar nicht erreicht. Sie befand sich noch auf der steilen Krümmung, aber trotzdem sprang sie jetzt ab. Sie fauchte vor Wut. Sie stieg immer höher. Sie reckte und streckte sich nach dem Ball und, zischender, prickelnder Hexenzauber, im letzten Moment, mit einem verzweifelten Schrei, der dann sofort zum Schmerzensschrei wurde, erreichten ihre Fingerspitzen das Leder und lenkten es um ein paar Grad aus der Bahn.

Die Kugel streifte die Latte. Sie schlug dahinter gegen die Wand, und während wir unsere Enttäuschung verdauten, während Anna »Queen« Kan die Krümmung der Natternhöhle herabrollte und ihre Torwarthandschuhe auszog, während sie nachschaute, ob ihre Finger noch da waren, wohin sie gehörten, während das alles passierte, schoss der Ball einmal um die Innenseite der Kugel herum und raste mit einer Geschwindigkeit, die nur knapp unter Mach 1 liegen durfte, aus unseren Rücken an meinem linken Pfosten vorbei ins Spielfeld zurück.

Beim kochenden Hexenkessel! Das kannten wir nicht. An so etwas mussten wir uns erst gewöhnen und deshalb schauten Juli, Maxi, Leon und Fabi nur zu, wie Lissi, die aus der Hüfte schießt, ansatzlos hochstieg und das Leder mit einem ultra-blitzschnellen Seitfallflugvolley auf meinen Kasten zurückschlug.

BÄNG!

Der Ball senkte sich in die rechte untere Ecke und ich, ich konnte nichts anderes tun. Der Schuss kam zu schnell. Ich war total überrascht, und obwohl Lissi weit genug weg stand, um eine richtige Parade zu machen, warf ich mich, als wär ich nicht Markus, der Unbezwingbare, sondern meine eigene Oma, mit dem Fuß gegen das Leder und verhinderte – Mann-oh-Mann-oh und peinlicher Pferdefußteufel – in letzter Nanosekunde ein oberpeinliches Tor. Doch meine Parade war nicht weniger peinlich. Ich dotzte mit dem Po auf den handbreiten Balken. Ich rutsche von ihm auf den gekrümmten Boden hinab und drohte schon so wie Anna »Queen« Kan den ganzen Weg Richtung Südpol zu schliddern, da sah ich Donnerschlag-Nele. Der Ball, den ich abgewehrt hatte, flog auf sie zu und ich sah ihr konzentriertes Gesicht. Ich sah das Lächeln hinter dem Ernst ihrer Augen und ich sah: Sie holt mit dem linken Fuß aus!

Beim kochenden Höllenschlund!

Und dann sah und hörte ich, wie ihr Spann den Ball traf.

»DA-BAAAAHHM!!!«, krachte es und mit diesem Krachen riss jedes Geräusch in der Stahlkugel ab.

Fast jedes Geräusch, außer dem Pfeifen: dem leisen schneidenden Pfeifen, auf dem der Ball flog. Und verfluchte, klebrige Staraja-Riba-Rotzhexe! Obwohl jetzt alles wie in Zeitlupe ablief, war ich so langsam wie eine Schnecke. Ich brauchte ewig, um mich auf den Balken zu ziehen. Ich brauchte noch länger, um aufzustehen. Ich sprang, als hätte ich Blei an den Füßen, und das Leder flog auf den linken Torwinkel zu. Ich reckte und streckte mich, doch es kam mir so vor, als würde ich schrumpfen. Das Kreuzeck entfernte sich, statt näher zu kommen. Da schrie ich. Verflixt! Ich schrie meine ganze Wut raus!

»AAAAHHH!«, schrie ich so laut, wie ich konnte,

und mit diesem Schrei kehrten die Geräusche zurück.

Das Blei fiel von meinen Füßen. Ich schoss Richtung Kreuzeck hinauf. Ich wuchs und ballte die Fäuste. Ich zog meine Knie gegen den Bauch. Ich zog die Arme gegen den Körper und dann fixierten meine Augen den Ball. Sie scannten ihn ab. Sie untersuchten ihn wie der Bordcomputer eines intergalaktischen Fighters:

Außenhaut: rund, titan-hartes Leder

Geschwindigkeit: Mach null Komma neun-sieben-sieben-fünf-neun

Temperatur: Magma hoch vier im Quadrat mal unendlich

Antrieb: Biestiger-Biester-Schuss-Nitro-Injection

Einschlagszeit: In null Komma null achtundzwanzig Sekunden

Wirkung: torwartfaustpulverisierendtotal

Ich schloss meine Augen. Ich schickte ein letztes Gebet an den Fußballgott und dann warf ich mich gegen den Ball. Mein Körper erbebte. Meine Fäuste fühlten sich an, als würden sie bersten. Doch bevor ich noch irgendeinen Schmerz spüren konnte, prallte das Leder von meinen Fäusten zurück. Strahlend und funkelnd flog es zu Juli »Huckleberry« Fort Knox, und während der die Kugel aus der Luft pflückte, traf mein Blick den von Anna »Queen« Kan.

»Gespaltene Natternzunge!«, flüsterte sie, und während ich auf dem Balken aufschlug, der in meinem Kasten die Torlinie war, sah ich die Achtung in ihren Augen. Ich sah den Respekt.

»Gespaltene Natternzunge!«, zischte sie noch mal, doch dann sprang sie auf.

Sie sprang auf, weil Juli einen Pass nach rechts schlug, und sie rannte zu ihrem Tor, weil Fabi, der schnellste Rechtsaußen der Welt, mit diesem Ball jetzt über rechts stürmte. Ja, und sie musste sich richtig beeilen, denn Fabi flankte das Leder nach links und im selben Moment, als sie auf den Balken in ihrem Tor sprang, stieg Leon schon hoch in die Luft. Er holte mit dem linken Bein Schwung. Er schraubte sich in die Höhe. Er ließ das rechte gnadenlos folgen und feuerte die giftgrüne Kugel mit einem Dampfhammerscherenschlagvolley auf den linken Torpfosten ab. Das Leder passte genau. Ich sah schon, wie das Gitter des Tores erbebte, da fischte die Tochter des Panthers, als wäre er nur eine harmlose Feder, den Ball aus der Luft.

»Beim dampfenden Teufelsdreck!«, flüsterte ich. Und als sie mich ansah, raunte ich: »Verflixt, bist du gut!«

»Du aber auch!«, nickte sie, dann musste sie lächeln. »Das wird das Spiel aller Spiele!«, las ich von ihren Lippen. Und ich gab ihr recht: »Das Spiel aller Spiele und ich wünsch dir viel Glück.«

»Danke. Das kann ich gebrauchen!«, bedankte sie sich. Sie sah mir ganz kurz und ganz tief in die Augen und dann grinste sie: »Du aber auch!«

Sie warf den Ball zu Yvette. Die passte ihn weiter in die Mitte nach vorn, doch dort schien niemand auf die Kugel zu warten. Auf jeden Fall keine von den *Biestigen Biestern*. Marlon, die Nummer 10, hatte alle Zeit dieser Welt. Er lief dem Ball lässig entgegen. Doch kurz bevor er ihn annehmen wollte, tauchte Lara-Moon, so als zöge sie eine Tarnkappe ab, aus dem Nichts direkt vor ihm auf. Die, die sich vor Günter Netzer verneigt, stibitzte Marlon die Pille vom Fuß, und während der dachte, er schaut in den Spiegel und sieht sich dort selbst in einem Mädchenkostüm, beförderte sie die stibitzte Pille mit einem Albtraumsteilpass an dem ins Leere grätschenden Juli vorbei in den Lauf der von rechts heranjagenden Kissi. Die, die den Horizont küsst, machte keine Fisimatenten. Sie zog schlicht und schnörkellos ab. Aus dem spitzesten Torauslinienwinkel schickte sie die biestige Kugel zu mir und ich schob sie gerade noch über die Latte.

»Beim heiligen Muckefuck!«, raunte Fabi, als er das sah, und so erging es uns allen.

Lissi und Leon übertrafen sich gegenseitig in ihren Torschüssen, Slalomdribblings und Blitzpassvorlagen. Aysha und Deniz schenkten sich nichts. Juli und Yvette vervierfachten sich beide. Sie ließen die Stürmer der Gegner verzweifeln und an Sara, der Sternschnuppenreiterin, maßen sich gleich drei *Wilde Kerle*. Doch Jojo, Felix und Rocce schafften es nicht, das Biest zu besiegen. Maxi und Donnerschlag-Nele katapultierten die giftgrüne Kugel abwechselnd mit neuen Geschwindigkeits-Bäng!-Buhm!-Dabahm!-Rekorden durch die Natternhöhle hindurch und Raban und Fli-Fla, der Vollkontaktflummi, verglichen ihre falschen und ganz falschen Beine. Gut eine Stunde spielten wir alle auf höchstem Niveau. Es war das beste Match, das die *Wilden Fußballkerle* je machten. Doch dann forderte diese Leistung ihren Tribut. Wir wurden müde. Die Füße begannen zu schmerzen, die Muskeln zu brennen und damit schlichen sich Konzentrationsfehler ein. Fehlpässe häuften sich auf beiden Seiten. Stellungsfehler waren keine Seltenheit mehr. Anstatt uns zu loben, kritisierten wir uns. Wir begannen zu schimpfen. Wir schrien uns an. Doch während die *Biestigen Biester* eine Trainerin hatten, die sie an die Hand nahm und wieder aufbaute, die sie taktisch neu einstellte und motivierte, waren wir, die *Wilden Kerle*, allein.

Heimtückische Hexengalle!

Unsere Moral löste sich auf. Unser Spiel wurde zerfahren. Unsere Mannschaft zerfiel in sinnlose Einzelaktionen und am Ende standen wir alle vor meinem Tor wie mit dem Rücken zur Wand, verteidigten uns gegen den Sturmlauf der Biester und hofften und beteten, dass bald Mitternacht war.

Endlich, ja endlich schlug eine Glocke. Wir zählten die Schläge und waren bei acht: Da schoss Donnerschlag-Nele aus gut fünfzehn Metern. Juli und Maxi warfen sich gegen den Ball. Sie fälschten ihn ab, und während ich schon in die linke Torecke tauchte, trudelte der Ball unerreichbar nach rechts. Er tropfte gegen den Pfosten, fiel in das Spielfeld zurück, und kurz bevor ihn Annika mit ihrer Hexengrätsche aus dem Gefahrenbereich herausschlagen konnte, erwischte Lissi das giftgrüne Leder und lupfte es irgendwie – NEIIINNNN! – über die Drachenreiterin und über Joschka in meinen Kasten hinein.

Danach schlug nur noch die Glocke. Sie schlug irgendwo draußen in Hamm und wir fühlten uns wie ein Boxer, der benommen auf dem Ringboden lag. Die Glocke zählte uns aus. Sie zählte neun, zehn, elf, zwölf und wir hatten so gut wie verloren, da rettete uns der Gong.

»Halbzeit!«, rief Ziska, die Trainerin.

Danach war es absolut still. So still, dass selbst der Jubel von Lissi, Kissi und Co. in dieser Stille verstummte.

Mitternacht – Geisterstunde

Wir setzten uns dorthin, wo wir gerade standen, und von dort bewegten wir uns nicht mehr vom Fleck. Wir sagten kein Wort und wir dachten nur eins: Hoffentlich geht diese Pause niemals zu Ende.

Doch diese Hoffnung wurde von Ziska zerstört. »Die zweite Halbzeit wird unter Lancelot-Testkonditionen gespielt.« Das hatte sie uns versprochen und dieses Versprechen erfüllte sie jetzt. Sie zog an Hebeln und Leinen. Stahlwände und andere Hindernisse stellten sich auf. Drehkreuze, die Strohsäcke schwangen, wuchsen überall aus dem Boden und aus dem gleißenden Licht der Baustrahler-Flutlichtanlage sausten riesige Bündel aus nassen Lumpen – das waren die Knock-out-Pendel – in die Natternhöhle herab.

Ka-Doooonnng, sausten sie an unseren Köpfen vorbei: Ka-Doooooonnng! Und Sssp-Duuuhhhm! schwangen sie wieder zurück. Wir sahen das alles und wir sahen es nicht. Ich meine, wir sahen es so, wie man einen Film im Kino anschaut. Das alles gehörte nicht mehr in unsere Welt. Das war aus und vorbei. Wir lagen zurück. Das Null zu eins jetzt war für uns tausendmal schlimmer als das Null zu sieben gegen den *SV 1906*. Ja, und damals hatten wir keine Trikots. Damals wurden wir von unserem Gegner in unseren Unterhosen in die Hölle geschickt.

Deshalb saßen wir da. Deshalb sagte keiner ein Wort und deshalb wich jeder dem Blick des anderen aus. Unsere Wut richtete sich schon lange nicht mehr gegen die *Biestigen Biester*. Sie richtete sich längst gegen uns selbst und sie nagte an uns, an unseren Herzen und sie fraß sich immer tiefer in unsere Seele hinein.

Beim garstigen Teufelsfluch! Ich ballte die Fäuste. Diese Pause war unser Grab und mit jeder Minute, die ich hier herumsaß, erlosch ein wilder Funke in mir. Ich schaute zu Leon, Marlon und Fabi, doch die drei schüttelten leise den Kopf. Vanessa und Annika starrten auf ihre Füße und Felix und Maxi schimpften bereits mit sich selbst.

Da sprang ich auf. Ich lief zu den *Biestigen Biestern* und ich forderte sie auf, mir ein Fahrrad zu leihen.

»Warum brauchst du das?«, fragte Lissi. »Willst du etwa verduften?«

Sie grinste mich an, doch das interessierte mich nicht.

»Ich will Willi holen«, sagte ich ihr. »Wir brauchen ihn jetzt.«

»Ach, was du nicht sagst«, grinste Kissi, die den Horizont küsst, doch sie verplemperte damit nur meine kostbare Zeit.

»Wir brauchen ihn«, konterte ich, »weil wir euch sonst nicht dorthin schicken können, wohin ihr gehört. Also, was ist? Krieg ich ein Fahrrad oder krieg ich es nicht?«

»Ich weiß nicht«, überlegte Lissi, die aus der Hüfte schießt. »Wieso sollten wir euch helfen, uns zu besiegen?«

»Weil ihr einen fairen Sieg wollt und weil ihr ...« Ich suchte den Blick von Anna »Queen« Kan: »... weil ihr erkannt habt, dass ihr uns unterschätzt habt, und weil ihr uns deshalb achtet und respektiert.«

Ich schaute der Keeperin der *Biestigen Biester* ganz tief in die Augen.

»Oder braucht ihr etwa Hilfe, um uns zu schlagen? Das müsst ihr nur sagen. Dann binde ich mir gern einen Arm auf den ...«

»Das musst du nicht!«, fiel mir Anna ins Wort. »Du hast auch schon mit beiden Armen eine Kiste kassiert.« Sie musterte mich und ich hörte das

Lachen der andern. »Aber ich versteh, was du meinst.« Anna blieb als Einzige ernst. »Ich geb dir mein Fahrrad. Es steht unten, unter dem Wasserturm, direkt an der Straße. Und die führt, wenn du sie nach rechts fährst, zum ewigen Feuer. Zu dem willst du doch, oder?«, fragte sie mich.

Doch ich kletterte schon durch die Luke im Südpol.

»Ich danke dir!«, rief ich zu ihr zurück.

Ich kletterte die fünfzehn Meter lange Strickleiter hinab. Ich hörte, wie Ziska mir nachrief: »Aber du musst dich beeilen, hörst du. Um Punkt eins pfeife ich an und ich warte keine Sekunde auf dich!«

Ich sprang auf die Erde und rannte zur Straße. Dort fand ich das Fahrrad von Anna »Queen« Kan. Es war ein bulliger BMX-Rennradverschnitt mit dem düsteren Charme einer lava-augenausbeißerisch-roten Ducati. Ich sprang in den Sattel. Ich trat in die Pedale und ich raste die Straße nach rechts. Ich wollte nur eins. Ich wollte zur Wiese. Zur Wiese am Fluss. Denn wenn hier in Hamm alles so war wie bei uns in Grünwald, dann wiederholte sich hier die Geschichte. Dann würde ich Willi dort finden. So wie ihn Raban gefunden hatte, als wir in unserem ersten und bis heute wichtigsten Match haushoch gegen den Dicken Michi verloren.

Deshalb fuhr ich dorthin. Es war unsere einzige Chance, doch als ich die Lippe erreichte, als ich den Fluss entlangraste und als ich Willi dort sah, neben dem ewigen Feuer, so wie ich es mir erhofft und gewünscht hatte, verließ mich der Mut.

»Nein«, dachte ich noch, »er hat nicht getrunken. Er hat das Bier auf die Wiese gekippt. Bitte, lieber Gott, mach, dass das wahr ist!«

Doch der liebe Gott schüttelte diesmal den Kopf.

Willi stand neben dem Feuer wie mit dem Rücken zur Wand. Er hatte den Hut in den Nacken geschoben und gestikulierte verzweifelt mit einer leeren Bierflasche herum. Einer von sechs oder sieben, die schon auf der Wiese lagen.

»Aber sie werden mich brauchen. Sie zählen auf mich!«, bettelte Willi. »Ich muss ihnen helfen.«

Da sprang er plötzlich zwei Schritte vor. Er baute sich auf. Er wurde ganz stolz. Er schob den Hut ganz tief in die Stirn und drehte sich um. Er fixierte die Stelle, wo er gerade noch stand, und dann zischte er spöttisch.

»Ach, ja! Und wie willst du das tun? Schau dich doch an. Du pisst dir doch selber vor Angst ins Hemd.«

Der spöttische Willi ging einen Schritt vor.

»Gib's zu. Du pisst dir ins Hemd, seitdem du von dieser Herausforderung weißt.«

»Ja, aber!«, wehrte sich Willi. Er wechselte wieder die Seiten. Er schob den Hut in den Nacken und wich zwei Schritte vor dem andern zurück. »Ja, aber! Das darf ich doch. Ich mein, es ist Ernst. Bei diesem Spiel geht es um alles. Da geht es darum, dass ...

»... dass sie verlieren!«, fiel ihm der böse Willi ins Wort. Er schob den Hut in die Stirn und fixierte den anderen.

Ich stand ungefähr zehn Meter vom Feuer entfernt und ich sah sie jetzt beide. Ja, obwohl es nur einen Willi gab, der ein Selbstgespräch führte, sah ich die beiden Männer, wie sie sich stritten.

»... und sie werden verlieren. Das weißt du genau. Und damit werden die *Biestigen Biester* es euch allen beweisen. Dir und den armen, kleinen Jungs aus Grünwald. Diesen kleinen, verwöhnten Bengeln!«

»Das sind keine Bengel!«, wehrte sich Willi, der Gute. »Das ist die wildeste Fußballmannschaft der Welt.«

»Pah!«, lachte der Böse. »Das hast du ihnen doch nur alles erzählt. Das hast du ihnen erzählt, um dich wichtig zu machen. Du, der du selber nichts kannst. Du, der du mit deinen vierzig Jahren noch immer auf dem Bolzplatz herumhängst, auf dem du schon als kleiner Junge herumgekickt hast. Oh mein Gott! Wie ist dir das peinlich! Ja, und jetzt geht dir einfach die Muffe. Jetzt hast du Schiss, weil das Ganze jetzt auffliegen wird. Jetzt werden es die Bengel erfahren. Sie werden erfahren, dass du sie angelogen hast. Dass sie überhaupt nicht wild sind und es niemals waren.«

Willi, der Gute, hob jetzt den Kopf. Ich sah, dass er weinte.

»Meinst du das wirklich?«, fragte er.

»Ja, das meine ich!«, antwortete der Böse eiskalt.

»Aber«, weinte der Gute, »dann brauchen sie mich ja jetzt noch viel mehr.«

»Nein«, sagte der Böse.

Er wurde plötzlich ganz freundlich und nahm ihm sogar die leere Bierflasche ab. »Nein. Sie brauchen dich nicht. Wirklich nicht. Es tut mir echt leid.«

»Aber ...!«, machte der Gute einen zweiten Versuch. »Aber ...«

Doch der nette böse Willi schüttelte den Kopf.

»Nein«, sagte er wieder. Er nahm eine volle Flasche Bier aus dem Träger und öffnete sie. »Du kannst nichts für sie tun. Hier!« Er reichte dem Guten die Flasche. »Trink das! Trink das so lange, bis du alles vergisst!«

Und Willi gehorchte. Er trank. Er trank die Flasche in einem Zug aus.

»Ja, so ist es gut!«, triumphierte der Böse. »Du musst alles vergessen, hörst du, deshalb bin ja da. Deshalb hast du mich mitgenommen. Los, Willi, trink!« Er holte noch eine Flasche aus dem Kasten heraus. »Trink und vergiss! Die ganze Blamage. Oh mein Gott! Was hast du getan? Du hast deine Jungs schon im Stich gelassen, als du begonnen hast, sie zu trainieren.«

»Nein, das hat er nicht«, widersprach ich und trat in den Lichtkreis des Feuers. »Er hat uns noch nie im Stich gelassen.«

Ich suchte den Blick des guten Willis, doch der böse war stärker.

»Was willst du denn hier?!«, fuhr er mich an.

Doch ich ließ mich nicht einschüchtern.

»Ich red nicht mit dir!«, konterte ich. »Ich rede mit ihm da, mit unserem Trainer.«

Da lachte der andere.

»Ach, was du nicht sagst! Und was machst du jetzt?«

Er schnippte mit dem Finger und plötzlich war er allein. Der gute Willi war weg.

»Willi, den Trainer, gibt es nicht mehr. Den hat es noch nie gegeben«, lachte der Böse. »Der war ein Hochstapler, ein Schwindler und Lügner ...«

»Halt deinen Mund!«, platzte es aus mir heraus.

Ich ballte die Fäuste und mein Herz pochte im Hals. So etwas hatte ich noch nie zu einem Erwachsenen gesagt und dem bösen Willi erging es genauso. So etwas hatte er sich noch nie von einem Kind anhören müssen.

»Wie bitte?«, zischte er und kam auf mich zu. »Was sagst du da? Hab ich richtig gehört?«

Doch ich konnte nicht anders.

»Halt deine Klappe!«, fuhr ich ihm über den Mund und – beim kochenden Höllenschlund! – dann stürzte ich mich in mein Verderben.

»Ich red nicht mit dir!«, fauchte ich. »Denn du bist der Lügner. Du bist der Feigling und Hosenscheißer, der uns im Stich lässt! Du und nicht der Willi, der uns trainiert hat.«

»Das reicht!«, explodierte der Böse.

Er stürzte sich auf mich. Er wollte mich packen.

»So was sagt keiner zu mir!«, schrie er mich an.

Da schlug ich zu. Meine Faust traf sein Kinn. Er

stürzte zu Boden und, eiskalter Teufelsfluch, dort blieb er liegen. Er rührte sich nicht. Er lag einfach da und starrte mit offenen Augen zum Sternenhimmel hinauf.

»Verflixt!«, flüsterte ich. »Verflixt noch mal, Willi! Jetzt sag doch was. Ich meine, du, du lebst doch noch, oder?«

Da hob Willi die Hand und rieb sich das Kinn.

»Ich weiß nicht«, überlegte er und schaute mich an. »Nach so einem Schlag bin ich mir gar nicht so sicher.«

Er berührte die Stelle, die jetzt schon anschwoll.

»Ahh!«, stöhnte er, doch dann musste er lächeln und dieses Lächeln, das sage ich euch: Dafür lege ich mich, meine Beine, mein Herz, meine Seele und meine Torwarthandschuhe ins Feuer: dieses Lächeln war eindeutig und absolut unwiderrufbar das Lächeln des besten Trainers der Welt.

»Hab ich sehr viel getrunken?«, fragte er mich und ich deutete mit dem Kopf zu den Flaschen. Es lagen jetzt neun auf der Wiese herum.

»Oh!«, seufzte Willi. »Das war sehr viel! Da musst du mich wohl auf deinem Lenker mitnehmen.«

»Wie bitte?«, fragte ich. »Auf meinem ... was?«

»Auf deinem Lenker«, antwortete Willi, »oder willst du mir etwa erlauben, dass ich nach dem vielen Bier noch allein fahren darf.«

»Aber wohin?«, fragte ich und stand auf der Leitung.

»Zur Natternhöhle natürlich, oder ist das Spiel schon vorbei?« Willi lächelte. Er ging zum Fahrrad. »Also, was ist, worauf warten wir noch?«

»Genau«, stammelte ich. Ich war noch immer geplättet. Es kam mir so vor, als hätte nicht Willi von mir, sondern ich von Willi einen Kinnhaken bekommen. »A-aber, was machen wir dann, wenn der andere kommt?«

»Welcher andere?«, stutzte Willi und schaute sich um. »Ist hier noch jemand außer uns beiden?«

»Nein«, sagte ich. »Ich meine dich, Willi, ähm, ich meine, den Lügner, den Feigling, weißt du, ich meine den, der dir das Bier immer gibt.«

»Ah, der!«, begriff Willi und dann musste er lachen. »Nun, ähm, wenn der kommt, dann schlägst du ganz einfach zu.«

Er hob das Fahrrad vom Boden und grinste mich an.

»Aber bitte nicht immer auf dieselbe Stelle, wenn's geht.«

»Okay, ich werd es versuchen«, auch ich grinste.

Ich sprang in den Sattel. Ich trat in die Pedale und dann fuhren wir los. Wir fuhren den Weg am Ufer entlang.

»Schneller!«, rief Willi. »Los, Markus, fahr schneller!«

Und dann breitete er die Arme aus. Er breitete die Arme aus und heulte wie ein Wolf in der Nacht.

»Uhuhhh!«, heulte er und noch mal: »Uhuhhhh! Der Sommer gehört dem, der am wildesten ist!«

Revolvermännerdämmerung

Doch als wir die Natternhöhle erreichten, verstummte Willis Geheule. Er wurde ernst, verflixt noch mal ernst, und als er die Strickleiter sah, wurde er sogar noch ernster.

»Verfluchte Hacke! Da komm ich nicht hoch. Das schaff ich nicht, Markus. Du weißt doch, mein Knie.«

»Ja«, nickte ich. »Dein Knie, ich verstehe. Und am besten fahr ich dich wieder zurück. Der Kasten Bier steht ja noch beim ewigen Feuer.«

Ich hob meine Faust.

»Hey! Hey! Was soll das?«, wehrte sich Willi.

»Oh!«, tat ich scheinheilig. »Hab keine Angst. Die Faust schlägt nur dann zu, wenn jemand zurückkommt. Du weißt doch, von wem ich da rede, Willi? Von deiner Hasenfußhälfte. Also, was ist? Ich gebe dir drei Minuten, dann bist du da oben, denn dann haben wir noch fünf weitere Zeit, um uns auf die zweite Halbzeit vorzubereiten.«

Ich hob meine Faust noch ein bisschen höher

und das wirkte, verflixt: Willi warf mir einen Blick zu wie eine sterbende Großmutternatter, die ihren Enkelkindern erzählt, wie sie zum ersten Mal eine Ratte gebissen und umgebracht hat.

Doch dann stieg er ganz brav die Leiter hinauf.

Oben dann war er wieder der Alte. Nein, er war sogar mehr. Er war so stolz, dass er fast wieder heulte, doch als er Ziska, die Trainerin, sah, verkniff er sich das und wurde ganz cool. Oh-Mann-oh-Mann-oh! Und wie cool Willi wurde und dann rief er uns alle zusammen.

»Hey!«, raunte er wie schon vor so vielen Spielen. »Hey! Kommt schon! Legt euch die Arme über die Schultern. Wir machen den Kreis. Ja, wir, hört ihr mich alle: Ich rede von »wir«. Nicht von »ich« und von »du« oder von »was hat der denn gemacht?«. Nein, ich rede von »wir«. Denn wir sind wieder ein Team. Wir haben die *Unbesiegbaren Sieger* geschlagen. Wir haben Rocce zu den Kerlen geholt. Wir haben nicht vor Vanessa gekniffen und Vanessa auch nicht vor uns. Wir haben uns in die Steppe getraut und Juli aus den Graffiti-Burgen befreit. Wir haben Maxi seine Stimme wiedergegeben und Fabi seinen besten Freund. Wir sind Hallenstadtmeister geworden, ja, und Meister in der Dimension Acht. Wir haben die Angst vor dem Küssen besiegt und Jojo zu seiner Mama gebracht. Wir haben den Lancelottest bestanden. Wir sind sechshundert Kilometer durch Deutschland gefahren und jetzt werden wir auch noch dieses Abenteuer bestehen. Verfluchte Hacke, Jungs! Was wollt ihr noch hören. Es geht hier um das, was ihr am liebsten macht. Es geht hier um die schönste Sache, die es auf der ganzen Welt gibt. Es geht hier um Fußball und es geht hier darum, dass ihr als Mannschaft, als Freunde, als die *Wilden Fußballkerle* auf den Platz geht.«

Willi nahm jeden von uns ins Visier.

»Und das, das kann euch keiner mehr nehmen. Ob ihr gewinnt oder ob ihr verliert. Los, worauf wartet ihr noch!«

Und mit diesem Satz sprengte unser Kreis auseinander. Die Turmuhr schlug eins. Der giftgrüne Ball fiel vom Himmel und Annika, die Drachenreitern, schlug ihn nach vorn. Sie schlug ihn direkt vor die Füße von Deniz. Die Lokomotive stürmte auf links. Er wurde von Sara und drei Knock-out-Pendeln gejagt, doch bevor ihn die Pendel erwischen konnten, sprang er durch einen der Hindernisreifen, duckte sich unter einem Drehkreuz hindurch und flankte den Ball knallhart nach rechts. Yvette, die Viererkette der Biester, grätschte ins Leere. Vanessa kam an das Leder heran und mit einem knallharten Dampfhammerdropkick schickte sie es Richtung Anna »Queen« Kan. Die flog nach rechts, um den Schuss zu parieren, doch bevor der Ball noch in den Fünf-Meter-Raum kam, stieg Rocce nach oben. Er fischte die Pille mit dem linken Spann aus der Luft und schickte sie dann mit einer copa-cabanischen Ich-schieß-aus-der-Hüfte-Pirouette in das linke Toreck hinein.

Anna »Queen« Kan schrie vor Angst auf.

»Nein!«, schrie sie. »Das ist doch unmöglich!«

Da sprang Fli-Fla, der Vollkontaktflummi, von was-weiß-ich-irgendwoher aus dem Nichts und katapultierte das Leder ins Spielfeld zurück.

»Beim heiligen Muckefuck!«, seufzte Fabi enttäuscht und Leon senkte die Fäuste. Die hatte er gerade erst hochgerissen.

Genauso wie ich, beim dampfenden Teufelsdreck! Doch jetzt klatschte ich in die Hände. Ich sah die Verwirrung in den Reihen der Biester. »Los!«, rief ich. »Macht weiter so, Jungs. Das ist unsere Chance.«

Und damit hatte ich verflixt noch mal recht. Wir hatten die *Biestigen Biester* total überfahren. Selbst Ziska, ihre Trainerin, schnappte nach Luft. Mit so viel Kraft hatte sie nicht mehr gerecht. Wir waren buchstäblich explodiert, und während sie bewundernd zu Willi schaute, rollte unser zweiter Angriff gegen das biestige Tor. Vanessa, die Unerschrockene, spielte zu Rocce und der verlor keinen Augenblick Zeit. Er nutzte die Hinderniswände zum Doppelpass-Spiel. Er dribbelte Aysha und Lara-Moon schwindelig, und als ihm Yvette den Weg versperrte, ließ ihn das völlig kalt. Er kickte den Ball mit der Ferse zurück und die Drachenreiterin, die dort stand, schlenzte das Leder zwischen zwei *Biestigen Biestern* und durch einen Hindernisautoreifen hindurch in die Torpedo-Lokomotiven-Tauchflugkopfballbahn unseres Türken. Der täuschte einen Kopfstoß nach rechts unten an und ließ die Pille dann doch einfach nur so über den Scheitel weggleiten. Die Kugel flog deshalb weiter nach links. Sie trudelte über Anna hinweg und die konnte, weil sie von Deniz auf dem falschen Fuß erwischt wurde, nur zusehen, wie sich der flatternde und taumelnde Ball ins linke Kreuzeck senkte.

Deniz ließ das Leder nicht aus den Augen. Er flog durch die Luft, er rutschte über den Boden. Er rutschte die Krümmung der Natternhöhle hinauf, und erst, als der Ball ins Gitternetz einschlug, riss er die Arme hoch über den Kopf.

»JAAAAA!«, schrie er. »JAAAAA! Wir haben's geschafft! Wir haben die Panthertochter bezwungen!«

Er drehte sich um. Er strahlte und lachte und dann rutschte er auf dem Hintern die Krümmung der Kugel wieder hinab.

Ich lief ihm entgegen. Ich kniete mich hin und wir umarmten uns beide, als er auf mich zugerutscht kam.

»Beim fliegenden Orientteppich!«, jubelte Deniz. »Ist das nicht oberaladinmäßig fantastisch?«, und dann warfen sich alle *Wilden Kerle* auf uns.

Anna »Queen« Kan kochte vor Wut und am liebsten hätte sie mich gelyncht. Mich, ihren Gegner im direkten Vergleich, im Kampf um den Titel des wildesten Torwarts. Sie hätte mich gelyncht, nur weil ich Zeuge war, wie Deniz, die Lokomotive, mit seinem so wunderbar angeschnittenen Torpedotauchflug- und Scheitelkopfball ihre gegentorfreie Zeit von zweiundzwanzig Spielen einfach beendet hatte. Doch das war der Fehler, den alle Biester jetzt machten. Sie nahmen den Ausgleich persönlich und so passierte ihnen das, was uns passiert war, bevor wir das Tor in der ersten Halbzeit kassierten. Sie spielten konfus. Sie waren kein Team. Sie kamen fast nicht mehr aus dem eigenen Strafraum heraus und wir, wir bombadierten ihr Tor, bis Anna »Queen« Kan blau und grün war von den vielen Paraden. Beim brodelnden Hexenkessel! Ich sage euch eins und das, das sage ich euch bestimmt nicht sehr gerne. Anna war gut. Nein, verflixt, sie war besser. Sie war vielleicht sogar besser als ich. Zumindest jetzt, in diesem Moment, und das für die nächsten zweieinhalb Stunden. Oh-Mann-oh-Mann-oh! Das müsst ihr euch vorstellen. Wir stürmten nonstop. Wir spielten jetzt Powerplay. Die Natternhöhle gehörte jetzt uns. Sie wurde zum Hexenkessel, zum Teufelstopf, zur *Wilde Fußballkerle*-Domäne. Die Torschüsse krachten Anna »Queen« Kan um die Ohren, doch die Tochter des Panthers hielt einfach alles. Sie hielt auch die Unhaltbaren, das war nicht zu fassen, und schließlich vergaß ich, dass sie meine Gegnerin war. Ich war fasziniert. Ich schaute ihr zu, wie sie über sich hinauswuchs, und schließlich erging es allen wie

mir. Alle *Wilden Kerle* klatschten Applaus, wenn sie in Anna »Queen« Kan ihre Meisterin fanden, und so blieb es beim Eins-zu-eins-Unentschieden, bis der erste Strahl der aufgehenden Sonne durch die Luke im Osten des alten Wasserturms fiel.

Der Lichtstrahl traf auf einen Reflektor und der produzierte Strom. Den Strom für die alte Sirene, und die, die heulte jetzt los. Ohrenbetäubend und nervenzerreißend! Unsere Köpfe drohten zu platzen. So unerträglich heulte das Ding und darüber legte sich noch die plärrende Stimme von Ziska, der Trainerin, die durch ein Megafon schrie:

»So! Das war's. Die reguläre Spielzeit ist um und uns bleiben noch fünf knappe Minuten für das Revolvermännerduell!«

Sie lief zu den Hebeln und Seilen. Sie klappte die Hindernisse in den Boden zurück. Sie stoppte die Knock-out-Pendel. Sie löschte die Baustrahler-Flutlichtanlage und dann fuhren die beiden Tore kreischend und Funken sprühend die Wände hinab, bis sie, nur elf knappe Meter voneinander entfernt, endlich stehen blieben. Doch die Sirene heulte noch immer und darüber schrie Ziskas Megafonstimme.

»Die Revolvermänner«, schrie sie, »die Revolvermänner sind unsere Keeper. Markus, der Unbezwingbare, und Anna »Queen« Kan. Ihr bekommt einen Ball. Jeder von euch. Ihr stellt euch Rücken an Rücken. Ihr wartet, bis das Heulen der Sirene verstummt. Das ist euer Zeichen. Dann geht ihr los. Ihr geht bis auf die Linien eurer Tore zurück und dort, erst dort dreht ihr euch um und schießt den Ball, den ihr in der Hand tragt, auf den Kasten des anderen ab. Habt ihr das alle verstanden?« Sie legte den letzten Hebel herum. Sie aktivierte die Scheinwerferspots. Zu denen schickte sie Fli-Fla und Sara hinauf und die richteten sie auf die Mitte zwischen den Toren.

»Markus und Anna!«, rief Ziska und schritt mit zwei Bällen ins Scheinwerferlicht.

Die Tochter des Panthers und ich schauten uns um. Wir suchten die Blicke unserer Freunde und Trainer. Wir wünschten uns ein aufbauendes, ermutigendes Wort, einen Klaps auf die Schulter, einen letzten aufmunternden Blick. Doch stattdessen heulte nur die Sirene und jeder wünschte sich nur: Hoffentlich ist das alles ganz schnell vorbei!

Da schaute Anna zu mir und ich, ich nickte ihr zu. Ich bohrte meine Fingernägel durch meine Torwarthandschuhe in meine Handballen hinein und dann gingen wir zur wartenden Ziska.

Wir nahmen die Bälle, Anna den grünen und

ich den nachtschwarzen, und dann stellten wir uns Rücken an Rücken in die gleißenden Spots.

»So, und jetzt geht es los!«, schrie Ziska und ließ uns beide allein.

Ich dachte an Joschka. Es war vor ewigen Zeiten. Wir brachen gerade aus dem Finsterwald auf. Da fragte er mich:

»Und was macht ein Revolvermann, wenn er verliert?«

»Nichts«, hatte ich ihm geantwortet. »Nichts. Er kann nichts mehr machen, denn dann ist er tot.«

Und genau das würde Anna und mir, den *Biestigen Biestern* und den *Wilden Fußballkerlen* passieren. Danach wären wir tot. Es gäb uns nicht mehr, denn die *Lustigen Monster*, die *Unbesiegbaren Sieger*, die *Flammenmützen* oder die *Wandernden Skater* würden keinen Augenblick zögern und unsern Platz einnehmen.

Das dachte ich und das dachte ich immer wieder. Meine Gedanken drehten sich, bis mir schwindelig wurde. Sie wurden noch lauter als die Sirene und ich presste meine Hände fest auf den Ball. Ich tat das, damit ich mir nicht die Ohren zuhalten konnte, denn das war mein einziger Wunsch: Ohren zuhalten und schlafen. Verflixt! Endlich schlafen! Da war es urplötzlich still.

Die Sirene verstummte und sie riss alle Geräusche ins Nichts. Das Einzige, was ich noch hörte, war mein eigner Atem. Mein Herzschlag und … die Schritte von Anna »Queen« Kan.

Beim dampfenden Teufelsdreck! Ich hatte verpennt. Ich hatte den Wecker in meinen Traum eingebaut und ich hatte ihn deshalb erst gar nicht gehört. Doch jetzt lief ich los. Ich lief und ich rannte. Ich versuchte zu retten, was noch zu retten war, und erreichte mein Tor. Ich drehte mich um. Ich sah, wie Anna schon schoss, und dann schoss ich selbst. Ich schoss schon im Sprung. Ich flog schon nach rechts. Ich flog Richtung Kreuzeck, wohin Annas Schuss zielte. Ich reckte und streckte mich und schrie vor Schreck und Wut auf, als ich meinen Ball sah.

Der flog direkt auf den Mann. Anna »Queen« Kan würde ihn mühelos fangen. Ich hatte am Ende alles versiebt. Denn ihr Ball, der passte direkt in den Winkel. Da schrie ich noch mal. Ich schrie so laut, wie ich konnte. Ich schrie und ich streckte meinen linken Arm aus. Ich riss ihn mir fast aus der Schulter. Da kratzten meine Finger am Leder der Kugel. Sie lenkten sie ab. Sie drückten sie gegen den Pfosten und von dort sprang der Ball, als hieße ich Raban, Raban, der Billardtorspezialist, vor meinen Kopf, zurück gegen den Pfosten, vor meinen Kopf und dann ins Spielfeld zurück.

Der Schlusspfiff von Ziska klang wie Musik: wie eine Fanfare auf einem Ritterturnier. Ich hörte, wie sich der Jubel meiner Freunde mit der Fanfare vermischte, und dann, dann sprangen sie auch schon alle auf mich …

Der Elbenhügel von Bockum-Hövel

Für den Rest des Tages wurde geschlafen. Das war auf jeden Fall unser Plan. Wir schliefen neben dem ewigen Feuer auf der Wiese am Fluss und die Sonne beschien unsere Bäuche. Wir schnarchten zufrieden, wir furzten auch mal und ab und zu bohrte sich einer von uns in der Nase. Aber wen störte das schon? Ich meine außer Annika und Vanessa natürlich, doch die schliefen auch.

Da klatschte mir ein Eimer eiskaltes Wasser ins Gesicht.

Ich schreckte hoch.

»Schieh-Mähn!«, schoss es mir durch den Kopf. »Jetzt rächt sie sich für die Kaugummifessel-Blutegel-Kur!« Ich schnappte nach Luft. Ich hörte das Sirren von Orkas Lieblingsspielzeug. Ich sah das Blitzen der Schaschlikspieß-Spitzen an den Fingern von Scharte! Ich spürte den Atem von Bulldog, Schang-Hai und die siamesischen Kugelsto-

ßerinnen Hammer und Beißer griffen mit ihren Radkappenhänden nach mir! Hexenfurz und Teufelsrülpser! Das war ja zum Heulen! Hatten diese Dumpfbohnen noch nicht genug? Mussten sie mich ein zweites Mal quälen?

Da riss mich der nächste Schwall Wasser aus meinem Albtraum. Er traf mich direkt in meinen aufgerissenen Mund.

»Das sind die Biester!«, schrie Joschka entsetzt.

Ich spuckte und würgte und dann sah ich es auch.

Die *Biestigen Biester* rannten an uns vorbei. Sie rannten mit ihren Eimern zum Fluss. Dort füllten sie diese mit Wasser und kamen mit ihrer eiskalten

Ladung wieder zurück. So wie Anna »Queen« Kan, die Tochter des Panthers. Sie lief direkt auf mich zu.

»Hey! Halt!«, protestierte ich. »Untersteh dich! Wenn du das tust!«

»Dann werdet ihr endlich ein bisschen sauber«, fiel mir Anna ins Wort.

Sie kippte den Eimer über mich drüber.

»Ihr seid dreckig. Ihr stinkt!«, schimpfte Fli-Fla, der Vollkontaktflummi, und verwandelte Raban und Joschka in zwei begossene Pudel.

»Ihr stinkt wie hinterindische Warzenschweine, die Durchfall und Blähungen haben!«, grinste Lissi, die aus der Hüfte schießt. »Ihr habt euch seit einer Woche nicht mehr gewaschen!«

Sie schüttete ihr Wasser über Leon und Fabi.

Die schnappten nach Luft. Sie schauten sich an. Ihre Augen blitzten und funkelten und sie ballten die Fäuste, als Kissi und Moon noch zwei Eimer drauflegten.

»Fabi!«, zischte Leon.

»Ja?«, meldete sich der.

»Ich zähle bis drei!«, erklärte der Slalomdribbler und dann rief er: »Habt ihr das alle gehört?«

Er schaute sich um und nickte zufrieden. Wir waren natürlich alle bereit.

»Eins!«, zählte er drohend.

»Zwei!«, zischte er.

»Drei!«, rief er fauchend und dann schrien wir:

»RAAAAH!«

Wir sprangen auf. Wir packten die Biester. Wir zerrten die zappelnden Mädchen zum Fluss und dann warfen wir sie dort alle ins Wasser.

Beim dampfenden Hexenkessel! Das war ein Spaß. Doch jetzt kochten die Biester. Sie brannten vor Zorn.

»Seid wild!«, zischte Lissi.

Und die anderen zischten: »Nein! Wilder als wild!«

»Seid giftig und biestig!«, forderte die, die aus der Hüfte schießt.

»So biestig wie Biester!«, riefen die andern. Sie fauchten ihr »KSSSSSSSS!«. Sie stürmten ans Ufer. Sie packten uns und kurze Zeit später tobte die wildeste Badeschlacht in unserer Geschichte. In der Geschichte der Biester und in der der Kerle. Habt ihr das alle kapiert? Wir waren Freunde geworden. Wir achteten und respektierten uns jetzt. Der Kampf war vorbei. Und weil das so war, luden uns die Mädchen in ihre Burg ein. In ihre Vereinszentrale, in ihre Festung. Sie luden uns ein, um mit ihnen zu feiern, und wir, wir nahmen die Einladung an.

Gegen Nachmittag zogen wir los. Wir verließen die Wiese am Fluss und besuchten den Opa von Marlon und Leon. Er sah jetzt ganz anders aus, halt so wie ein richtiger Opa. Er trug eine graugrüne Kordhose und ein kariertes Holzfällerhemd und er werkelte ganz brav in seinem Garten herum. Doch als er uns sah, fiel ihm die Heckenschere vor Schreck aus der Hand. Sie fiel ihm auf seine Plastiksandale.

»Autsch!«, schimpfte er. »Was macht ihr denn hier, Jungs?«

Er hüpfte herum. Er hielt sich den Zeh. Er verhakte sich mit seinem anderen Bein in einem Rechen, der blöd herumlag, und dotzte mit seinem Po in die Schubkarre hinein. Die rollte los. Sie rollte zum Komposthaufen und kippte ihn in den Schmodder.

»Carbid und Ka-wuhm!«, schimpfte der Opa. »Jetzt reicht es mir aber. Immer wenn ich euch treffe, steckt ihr im Schlamassel!«

»Oh!«, grinste Marlon und zog ihn aus dem Haufen voll Laub, Gras und alten Kartoffelschalen heraus. »Das tut mir echt leid. Aber dafür sind wir halt da.«

Der Opa blitzte ihn an. »Was du nicht sagst!«, grummelte er und stapfte davon.

»Ja!«, grinste Marlon. »Dafür sind wir da. Und

wir sind da, um uns bei dir zu bedanken: dafür, dass du uns dann immer hilfst.«

»Carbid und Ka-wuhm!« Der Opa stolperte vor Schreck. Er griff sich in den Nacken und zog einen dreißig Zentimeter langen Regenwurm aus seinem Holzfällerhemdkragen heraus. »Carbid und Ka-wuhm! Du wohnst da!«, schimpfte er und warf den Riesenwurm auf den Kompost zurück. »Dieser Kerl verfolgt mich jetzt schon seit Wochen!«, erklärte er uns. »Jedes Mal wenn ich da reinfalle, springt er mich an!«

Wir verstanden kein Wort, aber das war dem Opa egal. Er stapfte in seinen durchsichtigen Plastiksandalen davon.

»Und?«, grummelte er. »Wie habt ihr gespielt? Ich hoffe, ihr habt diese Biester geschlagen. Ich hoffe, ihr habt sie auf den Mond geschossen und danach in die Hölle!«

Er stapfte noch drei Schritte weiter und dann, als er noch immer keine Antwort bekam, wirbelte er zu uns zurück.

»Hey! Einen Moment! Jetzt sagt bitte nicht, ihr habt gegen die Mädels verloren!«

Er schaute uns erwartungsvoll an.

»Nein«, schüttelte Leon den Kopf. »Das haben wir nicht. Wir haben unentschieden gespielt.«

»Oh!«, seufzte der Opa.

»Und diese Mädels sind auch nicht einfach nur Mädels!«, erklärte ihm Leon. »Diese Mädels sind ...«

»Ja?«, fragte der Opa und jetzt war er nicht nur erwartungsvoll. Jetzt war er skeptisch, argwöhnisch und absolut auf der Hut.

»Diese Mädels sind die wildeste Fußballmannschaft, der wir je begegnet sind.«

»Oh!«, seufzte der Opa. »Oh und au Backe!« Er kratzte sich an der Stirn. »Oh und au Backe!«, stöhnte er noch mal. »Dann ist das ja immer noch nicht vorbei. Dann geht die Geschichte ja immer noch weiter. Oh und au Backe! Dann fängt ja alles erst an.«

»Was meinst du damit?«, fragte ihn Marlon, doch sein Opa winkte nur ab.

»Oh!«, winkte er. »Ich hab gar nichts gesagt. Ich bin ja nur euer Opa. Aber wenn ihr mich fragen würdet, dann würd ich euch raten: Zieht euch warm an!«

»Aber warum denn?«, fragten Leon und Marlon. »Krumpelkrautrüben! Wir verstehen kein Wort.«

»Weil ihr erwachsen werdet!«, brummte der Opa. »Carbid und Ka-wuhm. Ob ihr's wollt oder nicht. Denn eure Abenteuer werden es werden: Sie werden groß und erwachsen und das, was ihr hier erlebt habt, war nur der Anfang davon.«

»Hottentottenalbtraumnacht!«, raunte Raban, der Held, und Marlons und Leons Opa gab ihm in seiner Vorahnung recht.

»Genau«, nickte er. »Das trifft den Nagel, glaube ich, auf den Kopf.«

Er musterte uns.

»So, und jetzt ab mit euch«, grummelte er. »Ich denke nicht, dass ihr hier seid, um mit mir zu feiern.«

Er grinste uns an.

»Los! Ab mit euch!«, rief er und drehte sich um.

Er stapfte davon. Er stolperte über zwei Blumentöpfe, trat auf den Rechen dahinter und schlug sich den Holzstiel vor den Kopf.

»Carbid und Ka-wuhm!«, fluchte der tollpatschige Alte, und wenn das Tor zum Schuppen im Garten nicht um einen winzigen Spalt offen gestanden wäre, wenn wir durch den Spalt nicht den Schienen-Skidoo geahnt und den Staubmantel und den

Motorradhelm gesehen hätten, dann hätten wir ihm kein bisschen geglaubt.

Aber so war es eine Warnung von Winusch, dem Hauer: dem Mann, der sich nur zur Tarnung mit Heckenscheren, Rechen und Regenwürmern herumschlug. Dem Mann, der sich nur zur Täuschung seiner Feinde als Tollpatsch ausgab, der aber in Wirklichkeit die Höhlen von Radbod – und was weiß ich noch alles – beherrschte. Ja, und so eine Warnung von so einem Mann, die schlägt man nicht in den Wind. Nein! Das sage ich euch. Beim dampfenden Teufelsdreck! Aber wir waren eingeladen, und als wir die Elbenhügel von Bockum-Hövel erreichten, vergaßen wir alles.

In der Welt der Erwachsenen heißt dieser Ort »Der Kurikerberg«. Aber die Bezeichnung »Berg« ist ziemlich stark übertrieben. Es ist ein Hügel, der sich hinter Hövel erhebt, und für alle, die nicht in der Wilden Welt leben, ist er ein Vogel- und Naturschutzgebiet.

Doch wir wurden von Fli-Fla empfangen. Sie führte uns die versteckten Zickzackwege entlang. Wir liefen durch dichtestes Dickicht. Wir kämpften uns durch garstiges Dornengestrüpp. Wir zwängten uns unter mächtigen Baumwurzeln hindurch, krochen durch einen noch engeren Tunnel aus Lehm und dann standen wir urplötzlich und ohne Vorwarnung auf einer Lichtung aus Licht:

Fackeln steckten im Boden. Lampions wehten an den Zweigen der Bäume. Kerzen brannten auf Kisten und Tischen, und die standen zum Bersten gedeckt zwischen richtigen Höhlen. Höhlen, die in den Boden führten. Ihre Fenster und Türen standen weit auf und durch sie hindurch konnte man die Einrichtung sehen: eine Küche gab es da und einen Versammlungsraum. Eine Werkstatt, ein Bad und einen Zeugraum mit Waffen. Aber die interessierten uns nicht. Wir interessierten uns nur für die Tische. Auf denen stand alles, wonach sich unser Bärenhunger jetzt sehnte, und unsere Mägen brummten vor Freude, als Ziska, die Trainerin, endlich, nachdem alle saßen und sich begrüßt hatten, das Zeichen zum Loslegen gab.

Beim riesigen Teufelsdrachen! Das war der Hit: Spinatknödel schwammen in Tomatensauce. Makkaroni wälzten sich in Gorgonzola-Sahnecreme. Kaiserschmarren türmte sich auf riesigen Pfannen und sprang freiwillig auf die Teller mit Apfelmus.

Danach gab es Kuchen aus Schokolade mit gebackenem Weingummiobst und zu allem spendier-

ten wir das köstliche Malzbier. Das Bier aus dem Fässchen, das uns Edgar, der Pinguin, extra für so eine Feier eingepackt hatte.

Ja, und irgendwann begannen wir zu erzählen. Wir hatten ja auch so viel erlebt. Doch am meisten Spaß machte die Geschichte von Juli über den Fichten- und Fratzenwald. Wir lachten uns tot, als er uns die Tanzschritte vormachte, mit denen er den ersten Katapultaufzug fand. Wir lachten noch mehr, als die anderen ihre Tanzschritte tanzten, und irgendwann konnten wir alle nicht mehr. Wir waren pappsatt und unsere Zwerchfelle schmerzten. Da erzählte uns Raban, der Held, die Geschichte von unserer Gefangenschaft bei den *Lustigen Monstern*. Er packte sich Fli-Fla und mit ihr zusammen ließ er uns alle noch mal den Britney-Spears-versus-Christina-Aguilera-Contest von Schieh-Mähn und Orka erleben. Oh-Mann-oh-Mann-oh! Unsere Zwerchfelle drohten zu platzen. Aber wir lachten weiter. Wir lachten und lachten, bis unsere Stimmen versagten, und dann zogen wir uns in unsere Hängematten zurück. In ihnen schwebten wir zwischen den Bäumen. Die Lampions wehten im Wind. Der Rauch der Fackeln verwebte sich mit den Zweigen und ab und zu blitzten ein paar Sterne zwischen den Blättern hindurch.

Ich lag da und dachte nur: »Oh Mann, ist das schön.«

Und ich beobachtete Ziska und Willi. Die beiden saßen noch lange zusammen. Sie redeten und redeten und sie konnten immer noch lachen. Ja, und manchmal schauten sie sich dabei irgendwie an. Ich meine, verflixt, die Art und Weise, wie sie sich anschauten, erinnerte mich an die Warnung von Hauer: »Ihr werdet erwachsen«, hatte er uns gesagt. »Ob ihr's wollt oder nicht. Denn eure Abenteuer werden es werden: Sie werden groß und erwachsen und das, was ihr hier erlebt habt, war nur der Anfang davon.«

Dann schlief ich ein. Wir schliefen alle bis spät in den Morgen. Wir frühstückten mit den *Biestigen Biestern*. Wir räumten zusammen die Lichtung auf und dann bepackten wir unsere Räder.

Gegen zwei Uhr erreichten wir die Wiese am Fluss und die Brücke, die über ihn führte. Dort verabschiedeten uns die Biester.

»Okay«, grummelte Lissi. »Das war's dann wohl, oder?«

»Ja«, nickt Leon. »Das war's.«

Wir schauten uns an, besonders Ziska und Willi. Sie hörten gar nicht mehr auf, das sage ich euch. Aber auch Anna schaute mich an und ich, ja, ähm, ich, ich schaute auf meine Füße. Da wurden wir alle vom Slalomdribbler erlöst.

»Das war's«, grinste er, »und das tut mir leid. Ich meine, ihr habt nicht gewonnen, und weil das so ist, bleiben wir jetzt und für immer die wildeste Fußballmannschaft der Welt.«

»Hey! Einen Moment!«, fauchten Lissi und Kissi. »Wir haben immerhin unentschieden ...«

»Nein!«, schüttelte Leon entschlossen den Kopf. »Ihr habt uns herausgefordert und der Herausforderer muss immer gewinnen. Das ist nun mal so und deshalb seid ihr und bleibt ihr die Numero zwei ...«

»Hey! Hey! Hey! Hey!«, protestierten die Biester, doch Leon fiel ihnen ins Wort.

»Nein«, sagte er. »Ihr habt nur eine einzige Chance. Ihr kommt nach Grünwald. Sagen wir in zehn Tagen? Und dann spielen wir im Teufelstopf eine Revanche.« Er musterte Lissi und Co. und grinste sie an. »Ich meine, falls ihr das Zeug dazu habt und euch traut.«

Mit diesen Worten trat er in die Pedale.

»Alles ist gut!«, rief er und wir fuhren hinter ihm her.

»Ja, solange du wild bist!«, riefen wir alle.

»Und der Sommer gehört dem, der am wildesten ist!« Das war die Antwort der *Biestigen Biester*, aber sie machte uns überhaupt keine Angst. Willi jauchzte vor Freude. Nein, wir jauchzten alle und so rasten wir Richtung Grünwald.

Die *Wilden Fußballkerle* stellen sich vor

Leon, der Slalomdribbler, Torjäger und Blitzpasstorvorbereiter

Mittelstürmer

Leon ist der Anführer der *Wilden Kerle*. Er schießt Tore wie einstmals Gerd Müller oder er bereitet sie in atemberaubenden Überraschungsblitzpässen vor. Spezialität: Fallrückzieher. Er hat vor nichts Angst und er will immer nur eins: gewinnen. Doch seine Loyalität zu den *Wilden Kerlen* und besonders zu Fabi, seinem besten Freund, ist noch stärker als sein Siegeswille.

Fabi, der schnellste Rechtsaußen der Welt

Rechtsaußen

Fabi ist Leons bester Freund. Zusammen sind sie die Golden Twins, die Sturm- und Tormaschi-

nerie der *Wilden Fußballkerle e. W.* Fabi ist der Wildeste unter Tausend. Schlitzohrenlausbübischfrech mogelt er sich aus jeder Klemme heraus, weiß für jedes Problem eine Lösung und sein unwiderstehliches Lächeln schützt ihn dabei immer vor Strafen und Konsequenzen. Aber im Gegensatz zu Leon interessiert sich Fabi auch für andere Dinge. Er interessiert sich sogar schon für Mädchen und niemand weiß, wie lange er noch ein *Wilder Kerl* bleibt.

Marlon, die Nummer 10, die Intuition

Mittelfeldregisseur

Marlon, die Nummer 10, ist Leons ein Jahr älterer Bruder und für Leon ist er die Pest. Doch für die Mannschaft ist er das Herz, die Seele und die Intuition. Marlon spielt so unauffällig, als hätte er eine Tarnkappe auf, doch seine Spielübersicht ist so groß, als kreise sein Kopf wie ein Satellit über

dem Feld. Ja, und auch außerhalb des Spielfeldes gibt es niemanden, der mehr Gespür für die Probleme seiner Freunde besitzt.

Raban, der Held

Ersatztorjäger

Raban spielt Fußball wie ein Blinder, der Fotograf werden will. Er besitzt noch nicht einmal einen falschen Fuß. Denn wer einen falschen Fuß haben will, der muss auch einen richtigen haben. Die besten Schüsse gelingen ihm in der Halle: über fünf Banden durch Zufall ins Tor. Trotzdem ist der Junge mit der Coca-Cola-Glas-Brille und den knallroten Locken, die so oft von seinen drei Cousinen, den drei rosa Monstern, mit Lockenwicklern verunstaltet werden, einer der wichtigsten Kerle des Teams. Seine Freundschaft und seine Loyalität sind unübertroffen.

Felix, der Wirbelwind

Linksaußen

Felix ist der perfekte Linksaußen. Er spielt seine Gegner schwindelig. Doch wenn Felix Asthma hat, dann ist er nichts. Das glaubt er zumindest, bis

er im Spiel gegen die *Bayern* seine Angst und seine Krankheit besiegt, die *Wilden Fußballkerle* mit Trikots, Logo, Satzung und echten Spielerverträgen in eine richtige Mannschaft verwandelt und dadurch selbst die Achtung von Giacomo Ribaldo gewinnt, dem brasilianischen Fußballstar der *Bayern*.

Rocce, der Zauberer

Offensives Mittelfeld

Rocce ist absolut cool. Er zaubert den Ball dorthin, wo er ihn haben will. Er ist der Sohn eines brasilianischen Fußballstars der *Bayern*, doch obwohl er fast schon genauso gut spielt wie sein Vater, will er selbst nur in einem einzigen Team kicken: bei den *Wilden Fußballkerlen e. W.* Rocce ist Marlons bester Freund und er ist so abergläubisch, dass es kracht. Er glaubt noch an Geister und Hexen.

Jojo, der mit der Sonne tanzt

Linksaußen

Jojo kommt aus dem Waisenhaus. Dort ist er, weil seine Mutter keine Arbeit hat und weil sie zu viel trinkt. Doch obwohl Jojo noch nicht einmal Fußballschuhe besitzt und selbst im Winter in geflickten Sandalen spielt, ist der Linksaußen für die *Wilden Kerle* ein Freund, auf den sie niemals verzichten würden.

Markus, der Unbezwingbare

Torwart

Markus ist das Gegenteil von Jojo. Er wohnt in einem riesigen Haus mit Diener und Geld. Doch obwohl er als Torwart ein Naturtalent ist, obwohl jeder, der gegen ihn trifft, für alle Zeiten im Guinnessbuch der Rekorde steht, schleicht sich Markus heimlich zum Training. Sein Vater hasst Fußball und will, dass er einmal ein Golfprofi wird.

Juli »Huckleberry« Fort Knox, die Viererkette in einer Person

Verteidigung, letzter Mann

Juli ist so gut in der Abwehr, dass seine Gegner glauben, dass er sich wirklich vervierfachen kann. Ansonsten lebt er geheimnisvoll wie Huckleberry Finn und hat das dreistöckige Baumhaus der *Wilden Kerle* gebaut. Camelot ist die Vereinszentrale und die vor Geheimwaffen

strotzende *Wilde Kerle*-Burg, bis sie Gonzo Gonzales, der blasse Vampir, der Anführer der *Flammenmützen*, in Band 9 zerstört und sie später als Camelot II wie der Phönix aus der Asche aus den Trümmern des alten Baumhauses wieder entsteht.

Joschka, die siebte Kavallerie

Verteidigung, allerletzter Mann

Joschka ist Julis jüngerer Bruder. Er ist eigentlich viel zu klein für das Team – bis zu seinem siebten Geburtstag, als er als einziger Wilder Kerl nicht unsichtbar wild wird, bis er Gonzo Gonzales, den blassen Vampir, fast allein besiegt und den Teufelstopf von den *Flammenmützen* zurückerobert. Seither ist Joschka auch auf dem Fußballfeld die siebte Kavallerie und rettet, wenn Markus geschlagen ist, oft in allerletzter Sekunde direkt auf der Linie.

Vanessa, die Unerschrockene

Mittelfeld

Vanessa ist das wildeste Mädchen diesseits des Finsterwalds. Sie trägt selbst in der Schule Fußballklamotten, aber ihre Torschüsse sind besonders dann unhaltbar, wenn sie ihre rosaroten Pumps trägt. Sie will die erste Frau in der Männernationalmannschaft sein. Nach ihrem Umzug von Hamburg nach München hat sie sich nicht nur ihren Platz bei den *Wilden Fußballkerlen* erkämpft, sondern ist auch zusammen mit Leon und Fabi zu ihren Anführern geworden. Ja, und aus diesem Grund muss, solange es die *Wilden Kerle* gibt, die Männernationalmannschaft noch auf sie warten.

Maxi »Tippkick« Maximilian, der Mann mit dem härtesten Schuss auf der Welt

Defensives Mittelfeld

Maxi redet nicht. Selbst in der Schule oder am

Telefon sagt er kein Wort. Er ist ein Mann der Tat und er besitzt den härtesten Bums auf der Welt: den Trippel-M.-S., den Mega-Mörser-Monster-Schuss. Für Maxi ist Fußball alles, doch wenn es um seine Freunde geht, dann opfert Maxi nicht nur seine Freiheit, dann nimmt er nicht nur wochenlangen Hausarrest und absolutes Fußballverbot in Kauf, sondern dann bricht er sogar sein Schweigen.

Deniz, die Lokomotive

Stürmer, und zwar überall

Deniz ist der Türke im Team. Jeden Tag fährt er durch die ganze Stadt, um bei den *Wilden Fußballkerlen* zu spielen. Bei ihnen hat er gelernt, dass er eine Brille braucht, dass er nicht allein auf sich gestellt ist und dass Freunde viel wichtiger sind als der persönliche Triumph. So wild Deniz auch aussieht, ist er doch der friedliebendste aller

Wilden Fußballkerle. Er hasst jede Form von Waffen oder Gewalt. Außer dem Zweikampf natürlich auf dem Fußballplatz.

Annika:
Die Drachenreiterin wollte eigentlich gar kein *Wilder Fußballkerl* werden. Rocce musste verflixt noch mal alles geben, damit er sie überreden konnte, zu den *Wilden Kerlen* zu kommen. Außer dass Annika das erste Mädchen ist, das gleichzeitig die Hexengrätsche mit drei Fußbällen beherrscht, Ballett tanzt, Thai boxt und ein doppelt bereiftes Mountainbike mit einem zweifachen Turboblas-

ter-Schwungradantrieb fährt, wissen die *Wilden Kerle* eigentlich gar nichts von ihr. Doch, sie wissen noch, dass Annika in Rocce verknallt ist, dass ihre Eltern Angst vorm Fliegen haben und dass Annika eine Sache auf keinen Fall kann: nämlich fluchen.

Willi, der beste Trainer der Welt

Trainer

Willi lebt im Wohnwagen hinter dem Bolzplatzkiosk. Er wollte selbst einmal Fußballprofi werden, doch dann hat ihm der Vater des Dicken Michi das Knie ruiniert.

Jetzt trainiert er die *Wilden Fußballkerle.*

Er ist der beste und außergewöhnlichste Trainer der Welt und deshalb hat er für die *Wilden Kerle* den Bolzplatz zum *Teufelstopf* umgebaut. Zum Hexenkessel aller Hexenkessel, dem Stadion der *Wilden Fußballkerle e.W.* Und das mit einer waschechten Baustrahler-Flutlichtanlage, die man selbst ein- und ausschalten kann!

Willis Gang, die Fantastischen Vier

Hadschi ben Hadschi ben Hadschi ben Hadschi wird auch das »Geheimerfinder-Phantom« genannt. Lange Zeit war er den *Wilden Kerlen* nur als der Obsthändler bekannt, mit dessen Obststand Raban, der Held, immer auf seinem 12-Zoll-Mountainbike mit dem Traktorhinterradreifen kollidierte.

Doch genau unter dem Obststand befindet sich der Eingang zu Hadschis Geheimerfinder-Werkstatt, in der er all die fantastischen Dinge gebaut hat, die die *Wilden Kerle* besitzen: die Baustrahler-Flutlichtanlage, die Waffen, mit denen die *Wilden Kerle* den Dicken Michi im Kampf um Camelot besiegten, Joschkas Raketenrennrad und alle verrückten Dinge, mit denen die *Wilden Kerle* Jojo aus den Händen der stinkreichen Familie vom Starnberger See befreiten.

Edgar, der Pinguin, ist der Butler von Markus' Eltern, doch er war schon immer auf der Seite der Kinder. Schon bei ihrem ersten großen Spiel gegen den Dicken Michi oder bei ihrem zweiten Match gegen die *Bayern* stand er ihnen heimlich zur Seite. Edgar kocht fantastisch, und wenn er dabei seine Rüschenschürze trägt, sieht der sonst so streng-steife, O-oooh-ich-hab-einen-Besenstiel-verschluckt-Butler aus wie Mary Poppins mit Glatze.

Billi, der Flugzeugpropeller-Ringelsocken-Klapperschlangenmann: Billi lebt mit anderen Obdachlosen unter der Brücke am Fluss, die die *Wilden Kerle* das Höllentor nennen. Doch Billi ist überhaupt nicht gefährlich. Er arbeitet jetzt in einem Biergarten. Er ist der neue Freund von Jojos Mutter und für Jojo so etwas wie ein Vater geworden. Billi kann alles besorgen, zum Beispiel die besten und neuesten Fußballschuhe, und er kennt sich in ganz Deutschland aus. Denn in seiner Jugend war Billi ein Vagabund. Er reiste kreuz und quer durchs Land und kennt seitdem alle Geheimverstecke.

Weitere Gegenspieler der *Wilden Fußballkerle*

Gonzo Gonzales, der blasse Vampir, ist der Anführer der *Flammenmützen*, der Skatergang aus dem Internat, das die *Wilden Kerle* ehrfurchtsvoll die Nebelburg nennen. Gonzo wollte die *Wilden Kerle* vernichten und er galt als unbesiegbar, bis die *Wilden Kerle* sein Geheimnis entdeckten: das Geheimnis der Hexe Staraja Riba. An die glaubte Gonzo. Sie gab ihm all seine Kraft.

Doch gerade der kleinste der Kerle, Joschka, die siebte Kavallerie, nutzte das aus und besiegte den coolen Skater. Seitdem ist Gonzo den *Wilden Kerlen* verpflichtet. Doch das gilt natürlich nur so lange, wie sie die wildeste Fußballmannschaft bleiben, die es auf der ganzen Welt gibt.

Der Dicke Michi war, bis Gonzo auftauchte, der Darth Vader im *Wilde Kerle*-Land und auch jetzt noch ist er der Anführer der *Unbesiegbaren Sieger*: der Anführer von Mistkerlen wie Sense, Krake, Mähdrescher, Dampfwalze, Fettauge und dem mächtigen Kong.

Der Dicke Michi regiert noch immer in den Graffiti-Burgen. Das sind die drei Mietskasernen, die sich jenseits des Finsterwalds aus der Steppe erheben, und er wurde nur deshalb zum *Wilde Kerle*-Freund, weil die ihn immer besiegten. Doch das kann sich jeden Tag ändern. Der Dicke Michi wartet auf seine Chance. Er wartet darauf, sich an den *Wilden Kerlen* zu rächen.

Der Fette Vetter ist der Cousin vom Dicken Michi und im Vergleich zu ihm wirkt der Dicke Michi plötzlich so dünn wie eine Spaghetti. Aber der Fette Vetter ist nicht nur viel fetter als er. Er ist auch älter, gemeiner und hinterhältiger als der Dicke Michi. Sein Reich beginnt hinter den Graffiti-Burgen. Es beginnt hinter dem Sternschnuppenwall. Dort, in der Schwarzen Wüste, zwischen den schwarzen Wüstenhügeln, haust und versteckt sich der waschechte Räuberhauptmann mit seinen waschechten Räubern in einem waschechten Räubernest.

WILDE SPIELE FÜR DEINEN PC

Die Unbesiegbaren Sieger haben die Schwarze Fahne eingesackt. Rette die Ehre der Wilden Kerle und hole sie zurück!

Die Wilden Fußballkerle – Die Schwarze Fahne
CD-ROM für PC
ISBN 978-3-939331-06-3
€ 19,95 (D)/€ 19,95 (A)

Der Dicke Michi hat die Herrschaft im Wilde-Kerle-Land übernommen. Die Wilden Kerle brauchen deine Hilfe!

Die Wilden Fußballkerle – Im Wilde Kerle-Land („King Michi“)
CD-ROM für PC
ISBN 978-3-939331-07-0
€ 19,95 (D)/€ 19,95 (A)

www.baumhaus-verlag.de